Klett Lektürehilfen

Naturlyrik

Für Oberstufe
und Abitur

von Günter Krause

Klett Lerntraining

Günter Krause ist Gymnasiallehrer für die Fächer Deutsch, Ethik und Evangelische Religion in Hessen.

Bibliografische Information der Deutschen Nationalbibliothek
Die Deutsche Nationalbibliothek verzeichnet diese Publikation in der Deutschen Nationalbibliografie; detaillierte bibliografische Daten sind im Internet über http://dnb.dnb.de abrufbar.

Dieses Werk folgt der reformierten Rechtschreibung und Zeichensetzung. Ausnahmen bilden Texte, bei denen künstlerische, philologische oder lizenzrechtliche Gründe einer Änderung entgegenstehen.

3. Auflage 2016

www.klett-lerntraining.de
Redaktion: Günter Maier
Umschlagfoto: mauritius image (SuperStock), Mittenwald
Satz: DOPPELPUNKT, Stuttgart
Druck: medienhaus Plump GmbH, Rheinbreitbach
Printed in Germany
ISBN 978-3-12-923088-6

9 783129 230886

Inhalt

Einleitung

Im Begriff „Natur“ werden seit der Antike Bedeutungen wirksam, die sowohl von der griechischen Naturvorstellung (vgl. griech. *physis* ‚das Gewordensein, Naturanlage, Naturordnung, Naturkraft‘) als auch vom lateinischen Ursprung des Wortes „natura“ (von lat. *nasci* ‚geboren, hervorgebracht werden‘) herrühren. Das Bedeutungsfeld umfasst so weitreichende Merkmale wie Hervorbringen, Zeugen, Wachsen und Werden wie auch all das durch Geburt und Erbe Tradierte. Entsprechend zu den ursprünglichen Ableitungen lassen sich in Naturbetrachtung und naturphilosophischem Denken die inneren wesensmäßigen Gesetze und Kräfte erkennen sowie die Gesamtheit aller in der äußeren Natur vorfindlichen Erscheinungen. Es geht aber nicht nur um die Natur im Ganzen, sondern auch um die Natur des Menschen im Besonderen, um sein Wesen, die *natura humana*. Im Verhältnis zur Natur hat der Mensch immer auch sich selbst befragt, sein Wesen, seine Herkunft und Bestimmung.

Je nach den historisch-gesellschaftlichen Bedingungen verändern sich aber die Einstellungen zur Natur. Der Zusammenhang von Mensch und Natur wird immer da betont, wo seine ursprünglichen Kräfte, Sehnsüchte und Ziele, die von gesellschaftlichen Normen und Werten nicht überlagert sind, zur Sprache kommen. Diese zeigen sich überall dort, wo die Selbstgewissheit produktiver Entfaltungsmöglichkeiten der inneren Natur des Subjekts in den Vordergrund rückt und eine Freiheit behauptet wird, die sich gegen die bestehenden Gesellschaftsordnungen wehrt, weil sie Gesellschaft und Kultur als widernatürlich empfindet. Insofern ist die Berufung auf Natur immer auch eine deutliche Kritik am Vorfindlichen. Die kritische Funktion zeigt sich sowohl in der Rückbesinnung auf das Naturrecht als auch in der Betonung der Natürlichkeit des Menschen. Das geschieht ebenso in der Medizin, in der Ethik und in Überlegungen zu einer gesunden Ernährung. Das Bewusstsein vom Natürlichen ist in der modernen Gesellschaft, besonders seit den ökologischen Krisen und den Ereignissen der Naturzerstörung, wieder in der öffentlich-politischen Diskussion gegenwärtig. Mit der Erkenntnis, dass die ehemalige Naturlandschaft in eine Kulturlandschaft umgewandelt worden ist, wird diese nun auf ihre ökologische Qualität und Schutzwürdigkeit hin befragt.

Wendet man sich vor diesem Hintergrund der Naturlyrik, also den Gedichten, in denen von Natur die Rede ist, zu, dann wird schnell ersichtlich, dass es nicht die Natur als solche ist, die im Mittelpunkt steht, sondern der Mensch. Es geht um die Einstellung des Menschen zur Natur, um seine Empfindungsfähigkeit, um die Kontemplation und Spontaneität, aber auch um die Bewertung der Natureinstellung. Von letzterer ist oftmals auch die Wirkung eines Gedichts abhängig.

Damit hängt zusammen, dass sich das Naturthema mit anderen Themen verbindet, wie der Liebe, der Politik, der Gemeinschaft, Freundschaft und der Frage nach der Funktion von Lyrik in der Gesellschaft. Durch diesen erweiterten Horizont erhält das Naturgedicht in verstärktem Maß gesellschaftliche Bedeutung. Was für Lyrik im Allgemeinen gilt, trifft auch auf das Naturgedicht zu: Es lässt sich nicht festlegen auf den eindeutigen Ausdruck für einen Sachverhalt oder ein Phänomen, sondern bleibt die durch Sprachfiguren geformte und komprimierte Aussageweise eines lyrischen Ich.

Die hier vorgelegten Einzelinterpretationen sind so formuliert, dass sie die formalen Strukturen aufdecken, in denen die jeweiligen Anschauungen von Natur gestaltet sind. Durch die Form wird der Inhalt genau zu der Aussage, die dem Leser begegnet. In ihr zeigt sich auch die Art und Weise, in der der Autor seine subjektive Haltung gegenüber der Natur und der Gesellschaft, in der er lebt, zum Ausdruck bringt.
Die Deutungen sollen den Zugang zu den Gedichten erleichtern, indem sie Aufbau, Formgesetze und Gestalt erläutern. Eine genaue Analyse des Metrums erfolgt nur dann, wenn diese einen Erkenntnisgewinn für den Sinnzusammenhang des jeweiligen Gedichts mit sich bringt. Das Metrum ist als Grundgerüst eines Wechsels von betonten und unbetonten Silben zu verstehen, das dem

Text eine klangliche Stütze gibt. Abweichungen vom metrischen Schema stellen dies nicht grundsätzlich in Frage; besondere und auffallende Abweichungen verraten im Gegenteil einen gestalterischen Akt. Das Gedicht lebt dann vom Spannungsverhältnis zwischen Metrum (als Baugerüst) und Rhythmus (als überlagernde lautliche Sinneinheit) und erhält aus dieser Spannung heraus seinen ästhetischen Reiz.

Die Kriterien für ein solches Interpretieren sind Verständlichkeit, Überprüfbarkeit und Plausibilität. In keinem Fall ist Vollständigkeit intendiert. Jedes Gedicht birgt in sich weitere Nuancen des Verstehens, andere Perspektiven und tiefere Sinnhorizonte. Die Interpretation lässt sich vereinfacht in die folgende dreigliedrige Stufenabfolge unterteilen:

1. Entstehungsdatum, Autor und Thema des Gedichts; allgemeiner Eindruck und Deutungshypothese
2. Form- und Strukturbeschreibung (lineare Vorgehensweise)
3. Gesamtdeutung (gesellschaftliche und biographische Bezüge; epochenspezifische Zuordnungen)

Die kurze Übersicht über wesentliche Merkmale der Epoche am Anfang jeden Kapitels gibt eine Art Rahmen vor, in den das Gedicht literarhistorisch eingeordnet werden kann. Der Fokus der Deutung ist jedoch eindeutig auf Erscheinungsweise und Funktion der Naturdarstellung gerichtet.

Sturm und Drang (1773–1784) – Natur als Erlebnisraum

Epochen-spezifische Merkmale	→ Harmonie von schöpferischer Natur und schöpferischem Subjekt → Subjekt als Naturwesen → Emanzipatorisches Selbstgefühl des Individuums → Natur als Bürge für Freiheit

Die literarische Produktion hatte im 18. Jahrhundert entweder die Funktion der sittlichen Bildung im Sinne der Aufklärung oder die Funktion des heiteren lustvoll-unernsten Spiels im literarischen Rokoko. Von beidem distanziert sich die jetzt entstehende neue Auffassung von Dichtung, die später nach dem Titel eines 1776 gedruckten Schauspiels des deutschen Dramatikers Friedrich Maximilian von Klinger (1752–1831) den Epochenbegriff des Sturm und Drang erhalten soll. Literatur lässt sich nicht mehr in den Dienst außerästhetischer Wertvorstellungen stellen. Für die junge Generation der Stürmer und Dränger ist sie Ausdruck der Selbstverwirklichung; in ihrem Mittelpunkt steht das unmittelbare Erleben des autonomen Subjekts. Indem sich die Dichter gegen die tradierten gesellschaftlichen Werte und Normen stellen, verfügen sie aber noch nicht über neue Werte. Sie weigern sich, Urteile über Lebensformen zu fällen. Bürgerliche Pflichten mit ihrem einengenden Kodex sowie die Nützlichkeitsmoral werden abgelehnt. Literatur dient den Autoren dazu, mit Lebenskonzepten und Entwürfen des Zusammenlebens zu experimentieren. Sie gilt als Forschungsfeld der Moral; es gibt nichts, das fremdbestimmt und festgelegt oder durch bürgerliche Regeln eingeengt ist.

Selbstverwirklichung und Autonomie

Kritik an der Tradition

Diesen von der Autonomie geprägten Zielen entsprechen die Themen, die im Sturm und Drang behandelt werden. Im Vordergrund stehen Freundschaft, Liebe und Familie. Ihr gemeinsames Band ist die Natürlichkeit. Diese erscheint dabei im Sinne von Unberührtheit, was

Themen

durchaus gesellschaftlich zu verstehen ist: unberührt von den Konventionen der bürgerlichen Gesellschaft.

Subjektive Empfindungen

Neu ist das Thema der Einzigartigkeit subjektiver Empfindungen, die das dichterische Individuum nach neuen Gestaltungsmöglichkeiten suchen lässt. Diese Empfindungen richten sich vor allem auf die Natur in ihrer Ursprünglichkeit; dazu gehört auch die sentimentale Reise, die zu Entdeckungen reizte und neue, unbekannte Gefühle entstehen lassen sollte.

Das 18. Jahrhundert hat die Natur als Heiligtum verehrt. Um sich dennoch in ihr einzurichten, entstehen Gärten und Parklandschaften, also eine gestaltete Natur, die einerseits den Aufenthalt in ihr erlaubte, andererseits der wilden und fremden Natur das Unheimliche nahm. Im Sturm und Drang nun schweifen die Gedanken des Dichters wie auch die seiner literarischen Figuren frei und lustvoll-unbekümmert, ohne vorgegebene Wege und Richtungen, in der Natur. Emphase, Unmittelbarkeit, Ausrufe geben dem inneren Erleben Ausdruck. Man glaubte so, dem Wesen des Menschen, seiner unverstellten Natur, am nächsten kommen zu können.

Umherschweifen in der Natur

Begriff des Genies

Der ideengeschichtliche Begriff dafür ist der des Genies. In ihm bündeln sich Erfahrungen und ideelle Vorstellungen von Individualität, Originalität, Selbstbestimmung, eigenständigem Erleben, Unabhängigkeit, Naturverbundenheit. Bereits Gotthold Ephraim Lessing (1729–1781), der Dramatiker der deutschen Aufklärung, hatte den Begriff des Genies verwendet, um damit das französische Theater in Frage zu stellen und anstatt Konvention, Einförmigkeit und Hofmanier den Menschen in seiner Natürlichkeit, seinem Charakter und seiner Leidenschaft zu zeigen.

Johann Wolfgang Goethe (1749–1832) vollendet in der Straßburger Zeit zusammen mit Johann Gottfried Herder (1744–1803) die Deutung des Dichters und Künstlers als Genie und schreibt diesem ein besonderes Ingenium (natürliche Begabung) und die Kraft des Schöpfers zu. Im Genie verdankt alles sich selbst, es ist durch keine Nachahmung gebunden und eifert keinem Vorbild nach. Insofern ist der Dichter gottgleich, in ihm zeigt sich das dem Menschen innewohnende Göttliche. Das Genie ist der Inbegriff der Fülle des Herzens. Das Subjekt vereinigt in sich alles Lebendige, das Unverbildete und das

Das Göttliche im Menschen

Ganze der Kunst ohne die Schnörkel des Rokoko und ohne die Üppigkeit des Barock; es ist leidenschaftlich, ungekünstelt, sinnenfroh-genießend und natürlich; es überspringt die Grenzen der Fremdbestimmtheit und missachtet die Vorschriften und Regeln der Dichtkunst zugunsten eines unmittelbaren Ausdrucks subjektiv erlebter Erfahrungen.

Ganzheitliches Menschenbild

Im Gegensatz zu der einseitigen Betonung der Vernunft in der Aufklärung wird im Sturm und Drang ein ganzheitliches Menschenbild vertreten. Geist, Seele und Leib werden als Einheit verstanden. Vernunftfähigkeit und Empfindungsfähigkeit des Menschen gehören zusammen. Im Rückgriff auf den französischen Philosophen und Pädagogen Jean-Jacques Rousseau (1712–1778), der die Natur gegen die Kultur und ihre Konventionen in Schutz nimmt, betonen die Stürmer und Dränger das Naturwesen des Menschen, der sich von den künstlichen Schranken zwischen den Menschen befreien soll: Ständehierarchie, Verstellung und Lüge behindern den Einzelnen in seiner freien Entfaltung. Damit gewinnen diese Ideen gesellschaftskritischen Aufforderungscharakter.

Liebe und Natur

Entsprechend zu der veränderten Wahrnehmung und Bewertung der Emotionen verändert sich nun auch der Blick auf die Liebe und Natur. Die individuelle Gefühlskraft wird in der jungen Sturm-und-Drang-Generation als Naturmacht erlebt, die Liebe als spontan, sinnlich und frei; die Naturbilder der Gedichte dieser Zeit verdanken sich der überquellenden Hingabe, der ungebundenen Imagination. Das empfindende Subjekt genießt das Glücksgefühl der Liebe in einem reinen, freien Entzücken und drückt dies im Jubel des Überschwangs naturhaften Erlebens aus. Diese grandios-erlebte Einheit mit der Natur und das genussvolle Liebesempfinden kommen im Gedicht „Maifest“ des jungen Goethe in einer programmatisch-dichterischen Gestalt zum Ausdruck (siehe S. 147). Der Blick auf die Natur ist von jeder Zweckorientierung frei. Die schöpferischen Kräfte einer freien Natur, ihre „herrlich leuchtende“ Erscheinung, denen das empfindsame Subjekt sich anvertraut, spiegeln sich in den Bildern aus der Natur wider.

Gedichte, in denen die Ansprüche auf Authentizität, Originalität und Emotionalität umgesetzt worden sind,

Begriff der Erlebnislyrik

werden als Erlebnislyrik oder Erlebnisdichtung bezeichnet, die ihren Ursprung im Sturm und Drang hat. Der Begriff legt den Eindruck nahe, als gehe das einzelne Gedicht jeweils auf eine bestimmte biographische Wirklichkeit zurück, die man für das volle Verständnis dieses Gedichts aufschlüsseln müsste. Dahinter steht die Vorstellung, dass ein Gedicht umso wertvoller ist, je mehr persönliche Erlebnisse und Empfindungen in ihm verarbeitet worden sind. Auch dem Leser sind mitunter solche Gedichte lieber, da sie ihm selbst ein gefühlsmäßiges Erleben oder Nachempfinden ermöglichen. Im Gegensatz dazu lassen sich folgende Einwände formulieren: Die jeweils genauen Umstände der Textproduktion lassen sich kaum hinreichend prüfen. Heutige Leser wissen oft nicht, was ein Dichter wie Goethe wirklich preisgeben wollte, was nicht. Gerade an den Gedichten der Sturm-und-Drang-Zeit ist zu beobachten, dass die verwendeten Bildkomplexe und Wortfelder in ihrem Bedeutungsspielraum so allgemein sind (Glück, Lust, Natur, Flur, Gesang, Liebe, Welt, Herz, Abend, Mond, Erde, Duft, Nacht), dass ein besonderer Situationsbezug gar nicht erkennbar ist. Ein weiterer Einwand wiegt schwerer: Mit dem Begriff „Erlebnislyrik" reduziert man den Inhalt eines Gedichts auf Empfindungen und seelische Zustände des Subjekts. Damit verbaut man sich von Anfang an die Einsicht, dass Gedichte auch von anderen „Erlebnissen" ihren Ausgangspunkt nehmen können: von Gedanken und Reflexionen, von der Beschäftigung mit Kunst und Politik, vom ernsthaften Spiel mit der Sprache und dem künstlerischen Material. Auf keinen Fall sollte der Begriff der Erlebnislyrik als ein Wertekriterium verwendet werden. Der biographische Bezug kann immer nur ein Teil der Deutung sein, niemals aber die gesamte Analyse von Form und Inhalt überflüssig machen oder gar ersetzen.

Naturelemente

In den drei nachfolgenden Gedichten spielt der für Goethe typische Entwicklungsgedanke eine Rolle. Entwicklung lässt sich in besonderem Maße mit dem Naturelement des Wassers und seinen Konnotationen verbinden. In der Darstellung eines Flusses gipfeln Vorstellungen vom Naturstoff Wasser, von Wolken und Himmel, von Bewegung und Ruhe, von Flüchtigkeit und

Beständigkeit, von Licht und Farbe. All diese Elemente formieren zusammen mit Erde und Felsen, Gebüsch und Tierreich das Landschaftserleben, in dem sich die Naturerfahrung des Menschen ausspricht und ihrer selbst bewusst wird. Leonardo da Vinci nennt die Felsen das „Skelett der Erde", und die Flüsse sind in diesem leibmetaphorischen Sinne die Adern des Erdleibs, die als Bach oder gewaltiger Fluss dahinströmen und dem Ozean entgegeneilen. Das Element des Wassers – zusammen mit Feuer, Luft und Erde – bildet den lebendigen Organismus der Erde.

Goethes Naturkonzeption

In Goethes Haltung gegenüber der Natur geht es um Faszination, Erstaunen, Anschauung, Mitfühlen, sinnlich-konkretes Erleben der natürlichen Dinge. Er sucht die Natur in ihrer immer tätigen Lebendigkeit (*natura naturans*) zu erschließen; das Subjekt, das die Natur wahrnehmen will, ist selbst ein Teil dieser Natur. In der Einheit der lebendigen Produktivität erschließt sich sowohl die Natur als auch der Mensch in seiner Unabgeschlossenheit und Entwicklungsfähigkeit. Das Lebendige der Natur wiederzugeben ist für Goethe eine ständige Herausforderung. Im Experiment sucht er die lebendige Natur, die dem mit ihr verbundenen, sinnlich-leiblich betroffenen Subjekt begegnet, die erfahren, gegenständlich begriffen, angeschaut, im Zusammenhang des Ganzen reflektiert und schließlich im Erstaunen als solche bewundert werden soll. In der kleinen Schrift „Anschauende Urteilskraft" definiert Goethe eine Wissensform, die typisch für seine spezifische Art der Naturforschung ist, nämlich „daß wir uns, durch das Anschauen einer immer schaffenden Natur, zur geistigen Teilnahme an ihren Produktionen würdig machten" (*Werke. Hamburger Ausgabe,* Bd. 13: *Naturwissenschaftliche Schriften I,* S. 30 f.). Goethes Naturauffassung entstammt also einem partizipierenden Bewusstsein.

Die im Jahr 1772/73 entstandene Hymne „Mahomets-Gesang" ist ein frühes Beispiel für die Darstellung der lebendigen Natur. Im Mittelpunkt steht das faszinierende Naturschauspiel eines Flusses. Der Lauf des Wassers von der Quelle hinab ins Tal und zum Ozean hin versinnbildlicht die Lebensstationen des Religionsgründers Mohammed. Die Namensform „Mahomet" war zu Goethes Zeiten gebräuchlich.

Johann Wolfgang Goethe

Mahomets-Gesang

Seht den Felsenquell
Freudehell,
Wie ein Sternenblick!
Über Wolken
Nährten seine Jugend
Gute Geister
Zwischen Klippen im Gebüsch.

Jünglingsfrisch
Tanzt er aus der Wolke
Auf die Marmorfelsen nieder,
Jauchzet wieder
Nach dem Himmel.

Durch die Gipfelgänge
Jagt er bunten Kieseln nach,
Und mit frühem Führertritt
Reißt er seine Bruderquellen
Mit sich fort.

Drunten werden in dem Tal
Unter seinem Fußtritt Blumen,
Und die Wiese
Lebt von seinem Hauch.

Doch ihn hält kein Schattental,
Keine Blumen,
Die ihm seine Knie' umschlingen,
Ihm mit Liebesaugen schmeicheln;
Nach der Ebne dringt sein Lauf
Schlangewandelnd.

Bäche schmiegen
Sich gesellig an.
Nun tritt er
In die Ebne silberprangend,
Und die Ebne prangt mit ihm,
Und die Flüsse von der Ebne
Und die Bäche von Gebürgen
Jauchzen ihm und rufen: Bruder,
Bruder, nimm die Brüder mit,
Mit zu deinem alten Vater,
Zu dem ew'gen Ozean,

Der mit weitverbreit'ten Armen
Unsrer wartet;
Die sich, ach, vergebens öffnen,
Seine Sehnenden zu fassen;
Denn uns frißt in öder Wüste
Gier'ger Sand,
Die Sonne droben
Saugt an unserm Blut,
Ein Hügel
Hemmet uns zum Teiche.
Bruder,
Nimm die Brüder von der Ebne,
Nimm die Brüder von Gebürgen
Mit, zu deinem Vater mit!

Kommt ihr alle! –
Und nun schwillt er
Herrlicher, ein ganz Geschlechte
Trägt den Fürsten hoch empor,
Und im rollenden Triumphe
Gibt er Ländern Namen, Städte
Werden unter seinem Fuß.

Unaufhaltsam rauscht er über,
Läßt der Türme Flammengipfel,
Marmorhäuser, eine Schöpfung
Seiner Fülle, hinter sich.

Zedernhäuser trägt der Atlas
Auf den Riesenschultern, sausend
Wehen über seinem Haupte
Tausend Segel auf zum Himmel
Seine Macht und Herrlichkeit.

Und so trägt er seine Brüder,
Seine Schätze, seine Kinder
Dem erwartenden Erzeuger
Freudebrausend an das Herz.

Rhythmus und Leserappell

Ein begeistert-schwungvoller Rhythmus beherrscht den ersten Leseeindruck. Ein vorwärtsdrängender, den Leser mitreißender Sprachduktus trägt einzelne Stimmungslaute und Bilder, deren Zusammenspiel das Naturerleben unmittelbar zum Ausdruck bringt. Es ist von Anfang an auf Teilhabe, mitschaffendes und mitaufnehmendes Wahrnehmen gerichtet: „Seht den Felsenquell" (Z. 1).

Struktur

Die Sprechweise des lyrischen Ich ist durch keine Vorgabe gehemmt, sie äußert sich so, wie sie der inneren Anteilnahme entspricht. Der Sprecher vollzieht innerlich bewegt einen elementaren Naturvorgang mit, das immer gewaltigere Anschwellen eines von der Quelle sich ausbreitenden Stromes. Die einzelnen Verse folgen dem metrischen Schema des Trochäus. Die jeweils neu einsetzende Anfangsbetonung gibt die Begeisterung über das Schauspiel der Natur wieder. Die Verszeilen haben verschieden viele Hebungen und entsprechend unterschiedliche Längen. Dieselbe Vielfalt ist im Strophenbau zu beobachten: Die Strophen weisen unterschiedliche Länge ohne irgendeine Parallelität auf. Insgesamt gleicht sich also die äußere Form dem Nuancenreichtum der Natur sowie der von ihr beherrschten Stimmung an. Dem entspricht auch die hier verwendete Form der Hymne, der Definition nach ein Lobgesang zu Ehren der Götter und Heroen, der im vorliegenden Kontext auf den besonderen Menschen Mohammed übertragen wird.

Analogie von Flusslauf und Lebensstationen des Propheten

Die einzelnen Stationen des Flusslaufes sind dem Biographieschema des Lebensweges, der Entwicklung des Propheten, angepasst. Der Fluss entspringt aus einer Felsenquelle; aber sogleich wird auf die kosmische Weite („Wie ein Sternenblick!“, Z. 3) und die göttliche Herkunft („Nährten seine Jugend / Gute Geister“, Z. 5 f.) verwiesen. Zwar spielt sich seine Existenz auf der Erde ab, doch bleibt die Sehnsucht nach dem Himmel bestimmend für den folgenden Weg („Jauchzet wieder / Nach dem Himmel“, Z. 11 f.). Das Mitreißen der Bruderquellen ist analog zur Jüngerschaft des Religionsstifters zu deuten. Die lebensspendende Wirksamkeit („Und die Wiese / Lebt von seinem Hauch“, Z. 20 f.) ist dem geistigen Neubeginn des Lebens verwandt. Das Vorwärtsdrängen („Nach der Ebne dringt sein Lauf“, Z. 26) und Anschwellen des Flusses („Und nun schwillt er / Herrlicher“, Z. 54 f.) verheißt die Ausbreitung des Glaubens und die Entstehung einer neuen Zivilisation („Und im rollenden Triumphe / Gibt er Ländern Namen, Städte / Werden unter seinem Fuß“, Z. 57–59). Das unbeirrbare Fortschreiten und die Überwindung der Hindernisse ist die „Schöpfung / Seiner Fülle“ (Z. 62 f.). Am Ende steht die Vereinigung mit dem Göttlichen.

Verben der Bewegung

Die Dynamik dieser Entwicklung im Leben des Propheten kommt durch die Verben zum Ausdruck, die von mitreißender Bewegtheit und freudig-vorwärtstreibender Energie gekennzeichnet sind: tanzen, jauchzen, jagen, fortreißen, dringen, prangen, schwellen, emportragen, rauschen, wehen. Die einzelnen Lebensstationen zeigen ihre Pracht in den Attributen und Komposita: freudehell, Sternenblick, jünglingsfrisch, schlangewandelnd, silberprangend, Flammengipfel, freudebrausend.

Merkmale des Genies in Goethes Gedicht

Der Ausdruck von Subjektivität und Innerlichkeit, verbunden mit dem Pathos eigener Verherrlichung, Preisung der Autonomie und Rückführung aller Energien auf die in ihm liegende Schaffenskraft sind typische Merkmale des Genies. Diese Kraft ist vorwärtsdrängend, selbstständig und doch zugleich dem Ursprung verbunden. Die Bewegung ins Lineare hinaus (der Fluss) erhält dadurch eine Parallelbewegung des vertikalen Hinab und Hinauf (verbunden mit dem Göttlichen in der Jugend strebt der Prophet am Ende wieder dem Göttlichen zu). Seine schöpferisch-geniale Kraft stammt aus dem intensiven Bezug zur göttlichen Natur.

Dynamischer Naturbegriff

Die im Gedicht zugrunde gelegte Naturauffassung geht auf einen dynamischen Naturbegriff zurück. Natur ist nicht gleichbedeutend mit dem Gesamtbestand sämtlicher Naturerscheinungen; vielmehr ist sie der Inbegriff der generativen Prozesse, die diesen Bestand erst ermöglichen. Die Haltung, mit der das lyrische Ich ihr begegnet, ist die der teilnehmenden begeisterten Anschauung.

Natur als produktives Prinzip

Wird solchermaßen Natur als ein produktives Prinzip begriffen, dann heißt das für die künstlerische Nachahmungspraxis: Nachvollzug des produktiven Vorgangs. Die sich daraus ergebende Konsequenz für den Stellenwert der Dichtung, insbesondere der Lyrik, ist nun, dass jedes Kunstwerk gleichbedeutend neben die Natur rückt. Lyrik bekommt den Charakter der Natur selbst.

Goethes Gedicht „Es schlug mein Herz“ ist wohl 1771 entstanden. Die Originalfassung existiert nicht mehr. Aus Friederike Brions Nachlass, der das Gedicht übersandt wurde, stammen die ersten zehn Zeilen. Es ist erstmalig 1775 veröffentlicht worden, die 2. Fassung in den *Schriften* 1789 und den *Werken* 1810. Dort erhielt es den Titel „Willkommen und Abschied". Über den biographischen Situationsbezug hinaus ist es vor allem in Hinsicht auf die Naturvorstellung von Bedeutung.

Johann Wolfgang Goethe

Es schlug mein Herz. Geschwind, zu Pferde!
Und fort, wild wie ein Held zur Schlacht.
Der Abend wiegte schon die Erde,
Und an den Bergen hing die Nacht.
Schon stund im Nebelkleid die Eiche
Wie ein getürmter Riese da,
Wo Finsternis aus dem Gesträuche
Mit hundert schwarzen Augen sah.

Der Mond von einem Wolkenhügel
Sah schläfrig aus dem Duft hervor,
Die Winde schwangen leise Flügel,
Umsausten schauerlich mein Ohr.
Die Nacht schuf tausend Ungeheuer,
Doch tausendfacher war mein Mut,
Mein Geist war ein verzehrend Feuer,
Mein ganzes Herz zerfloß in Glut.

Ich sah dich, und die milde Freude
Floß aus dem süßen Blick auf mich.
Ganz war mein Herz an deiner Seite,
Und jeder Atemzug für dich.
Ein rosenfarbes Frühlingswetter
Lag auf dem lieblichen Gesicht
Und Zärtlichkeit für mich, ihr Götter,
Ich hofft' es, ich verdient' es nicht.

Der Abschied, wie bedrängt, wie trübe!
Aus deinen Blicken sprach dein Herz.
In deinen Küssen welche Liebe,
O welche Wonne, welcher Schmerz!
Du gingst, ich stund und sah zur Erden
Und sah dir nach mit nassem Blick.
Und doch, welch Glück, geliebt zu werden,
Und lieben, Götter, welch ein Glück!

Metrische Struktur

Vier Strophen von jeweils acht Zeilen mit abwechselnd weiblichen und männlichen Kadenzen im Kreuzreim bilden die Grundform des Gedichts. Das metrische Gerüst wird von einem vierhebigen Jambus erzeugt, der allerdings rhythmisch frei je nach Gefühlslage gestaltet ist und so jegliche Eintönigkeit unterläuft. Ebenso tragen die Ausrufe, die sich in der Interpunktion auffällig zeigen, zu einer beinahe schon spontanen und aktionsreichen Handlung bei.

Im Mittelpunkt des Geschehens steht ein Sprecher, der des Nachts zu seiner Geliebten aufbricht und dabei alle Widrigkeiten, die sich ihm in den Weg stellen, mit großem Mut überwindet. Danach folgen Ankunft und Beisammensein mit der Geliebten, bevor der Abschied ausführlich geschildert wird.

Naturumgreifender Bildkomplex

Aufbruch, Weg zur Geliebten, Begegnung und Abschied werden in einem den Sprecher und das Liebeserlebnis sowie die äußere Natur umgreifenden, die einzelnen Teile miteinander verbindenden Bildkomplex eingefangen. Dies soll im Einzelnen mit dem Schwerpunkt auf der Naturdeutung verdeutlicht werden.

Herz als zentraler Begriff der Epoche

Die Aufbruchstimmung des jungen Mannes wird gleich zu Anfang des ersten Verses erkennbar. Die innere Triebfeder seiner Handlung ist das Herz. Die Bedeutung dieses Wortes ist über das Gedicht hinaus für die gesamte Epoche wichtig. Es wird in dem Briefroman des jungen Goethe *Die Leiden des jungen Werthers* (1774) an unzähligen Stellen genannt; es ist der Inbegriff des fühlenden Subjekts, der Mittelpunkt seiner Person, von dem Denken und Handeln, Empfinden und Verstehen ausgehen. Vom Pietismus beeinflusst, der gefühlvollen Bewegung des protestantischen Glaubens, hat „Herz" die Bedeutung von ‚Schau der Innerlichkeit'. In ihm erreichen Vorstellungen wie Unschuld, Güte, Liebe, Sanftmut, Aufrichtigkeit und Wahrheitsliebe ihren Höhepunkt. Im vorliegenden Gedicht ist es in Z. 1 der Impuls für die Liebessehnsucht, die sich unmittelbar in Handlung umsetzt: „Es schlug mein Herz. Geschwind, zu Pferde!" Zwischen Gefühlsregung und Tun gibt es keinen Unterschied, wie es durch das Fehlen eines Verbs zum Ausdruck kommt; das lyrische Ich schreitet unmittelbar zur Tat: „Und fort, wild wie ein Held zur Schlacht" (Z. 2).

Sehnsucht des Liebenden

Zeitpunkt des Aufbruchs ist der Abend. Dieser und die hereinbrechende Nacht werden mit menschlichen Handlungsweisen beschrieben, die sich auf kosmische Dimensionen beziehen: „Der Abend wiegte schon die Erde, / Und an den Bergen hing die Nacht" (Z. 3 f.). Einem zeitlich relativ eingegrenzten Bereich wie dem Abend wird eine Eigenschaft übertragen, die ihn in die Lage versetzen, die gesamte Erde wie ein Kind zu wiegen. Das zweite Bild ist von einer raumzeitlichen Reduzierung gekennzeichnet: Der gesamte Bereich der Nacht erscheint als an die Berge gebunden. Die Tatsache, dass die vertrauten Proportionen gesprengt sind, lässt die Schrecknisse der Nacht wie Dämonen heraufziehen. Die Finsternis bekommt Züge des Unheimlichen und Schrecklichen, indem sie wie eine Person agiert: „Wo Finsternis aus dem Gesträuche / Mit hundert schwarzen Augen sah.“ (Z. 7 f.)

Dämonisierung der Natur

Aus den folgenden Zeilen ist allerdings zu erschließen, dass die Dämonisierung der Natur nur den Zweck verfolgt, den Mut des jugendlichen Helden auf dem Weg zu seiner Geliebten umso deutlicher herauszustellen: „Doch tausendfacher war mein Mut“ (Z. 14). Der überschwänglich wirkende Komparativ von „tausendfach“ entspricht der übersteigerten Erlebnisfähigkeit des Sprechers. Umso klarer tritt dem Leser die Aussage vor Augen: Die Dämonen der Nacht werden vom Mut des Liebenden überwunden. Die Zeitform der Verben unterstützt diese Deutung, denn das gesamte Geschehen wird im Präteritum geschildert und insofern aus der Außensicht auf Vergangenes gezeigt. Das legt nahe, dass der Sprecher trotz seiner inneren Unruhe und dem heftig verspürten Liebesweh die Distanz der Erinnerung zu dem Geschehen aufbaut. Er vergegenwärtigt sich die überstandene Gefahr und damit auch das bereits abgeschlossene Gesamtgeschehen. Dieses Wechselspiel aus Nachempfinden und Distanz, Innensicht und Außensicht durchzieht das Gedicht im Ganzen.

Liebe überwindet die Naturdämonen

Wechselspiel aus Empfindung und Distanz

In der 3. Strophe ist von der finsteren Natur keine Rede mehr. Der stürmische Aufbruch, die Widrigkeiten des Weges und die Schrecknisse der Nacht sind dem Anblick der Geliebten gewichen. Der zärtliche Augenblick überwiegt, es herrscht die „milde Freude“ (Z. 17) vor, die Natur zeigt ein „rosenfarbes Frühlingswetter“ (Z. 21). Die 4. Strophe schildert den Augenblick des Abschieds. Die Geliebte ging, der Liebende sah ihr nach „mit nassem Blick“ (Z. 30). Die letzten beiden Verse wirken wie eine Schlussfolgerung aus dem Vorhergehenden: Trotz der Trennung wird das Glück des Geliebtseins und des Liebens gepriesen. Es ist so, als schaute das lyrische Ich auf die erlebte Liebe zurück und erlebte doch gleichzeitig darin den Augenblick höchster Erfüllung.

Natur ist bildliche Wiedergabe der inneren Gefühlswelt

Als Fazit lässt sich festhalten: Die Bilder aus der Natur geben die erfühlte innere Welt des Subjekts wieder. Das lyrische Ich empfindet die Personifizierung und die Dämonisierung der Natur so stark, weil die umgebende Natur und das Ich als zwei Teile ein und desselben Kosmos verstanden werden. Dieses Einheitsgefühl des Ganzen der Natur ist eine Grundidee von Goethes Naturkonzept. Aus ihr bezieht er menschliches Glück und die Vorstellung von Harmonie.

Johann Wolfgang Goethe

Auf dem See

Und frische Nahrung, neues Blut
Saug' ich aus freier Welt;
Wie ist Natur so hold und gut,
Die mich am Busen hält!
Die Welle wieget unsern Kahn
Im Rudertakt hinauf,
Und Berge, wolkig himmelan,
Begegnen unserm Lauf.

Aug', mein Aug', was sinkst du nieder?
Goldne Träume, kommt ihr wieder?
Weg, du Traum, so gold du bist:
Hier auch Lieb' und Leben ist.

Auf der Welle blinken
Tausend schwebende Sterne,
Weiche Nebel trinken
Rings die türmende Ferne;
Morgenwind umflügelt
Die beschattete Bucht,
Und im See bespiegelt
Sich die reifende Frucht.

Eine erste Fassung des vorliegenden Gedichts schrieb Goethe während einer Reise in die Schweiz in sein Tagebuch vom 15. Juni 1775. Die hier abgedruckte spätere Fassung mit dem Titel „Auf dem See“ erschien erstmalig 1789, es ist eine kunstvoll überarbeitete Endgestalt, enthält aber auch Teile der frühen Fassung.

In rhythmischer Leichtigkeit setzen die ersten Verse ein. Der Sprecher des Gedichts dankt der gottähnlich gestalteten Mutter Natur, die fürsorglich und nährend ist („Die mich am Busen hält!“, Z. 4). Sie gibt Kraft zur Regeneration („frische Nahrung, neues Blut“, Z. 1).

Dank an die Natur

Die Heiterkeit und Ruhe der ersten Strophe wird in der 2. Strophe jäh unterbrochen. „Goldne Träume“ (Z. 10) stimmen den Sprecher wehmütig, doch gewinnt er sogleich danach durch den Ausblick auf neue Erfahrungen wieder Lebensmut: „Hier auch Lieb’ und Leben ist.“ (Z. 12)

Die 3. Strophe zeigt den Sprecher vom Naturbild der fernen Landschaft „rings“ umfangen. Am Strophenschluss zeigt sich ein Bild der Vervollkommnung, nämlich die im See gespiegelte reifende Frucht.

Frucht als Bild der individuellen Vervollkommnung

Das biographische Erlebnis, das dem Gedicht zugrunde liegt, ist in dem angespannten Verhältnis Goethes zu Lili Schönemann zu sehen. Anne Elisabeth Schönemann – von Goethe mit dem Kosenamen Lili genannt – und der Dichter begegnen einander in der Fastnachtszeit 1775 bei einem Konzert in dem herrschaftlichen Haus der Frankfurter Bankiersfamilie Schönemann. Der Charakter sowie die äußerst reizvolle Gestalt der jungen Frau, sie ist 16 Jahre alt, lassen Goethe um sie werben. Beide verloben sich. Zum ersten Mal bot sich Goethe die Gelegenheit zur Ehe, doch neben dem Gedanken an eine feste Bindung hatte er zugleich ein anderes Lebenskonzept vor Augen, das sich mit einer Heirat nicht in Einklang bringen ließ: das des sehnsuchtsvollen, ungebundenen Dichters. Die Freiheit von ehelicher Bindung und damit von der Einpassung in die Rolle der bestehenden Gesellschaftsordnung war die Vorbedingung für Goethes Dichten. Gleichzeitig war die Liebe zu Lili Schönemann übermächtig und faszinierend. In dieser spannungsvollen Situation begibt er sich mit drei Begleitern auf eine Reise in die Schweiz, um zu der jungen Geliebten Abstand zu gewinnen. Im Juni 1775 kommen die Freunde nach Zürich, wo Goethe seinen Freund Johann Kasper Lavater (1741–1801) trifft, der ihn zum Schreiben eines Tagebuchs animiert. Sofort nutzt Goethe dieses Medium, um seine schwankende Stimmung bei den Gedanken an die Geliebte aufzuschreiben. Nach der Reise in die Schweiz löst er die Verlobung zu Lili Schönemann auf.

Das Naturgedicht als Ausdruck innerer Spannung

Neue Bedeutung des Reisens

Die Reise des jungen Goethe unterscheidet sich fundamental von den Reisen deutscher Intellektueller des 18. Jahrhunderts. Man reiste, um Kultur und Landschaft eines Landes, vor allem Italien, zu studieren. Als besonderes Beispiel lässt sich die von Goethes Vater 1740 verfasste Reisedarstellung heranziehen. Ihr Thema ist das einer enzyklopädischen Studienreise. Es geht um naturwissenschaftliche Experimente, um genaue botanische und stilkritische Beobachtungen oder um Überlegungen zum Charakter der römischen Bevölkerung. Im Mittelpunkt dieser Reflexionen steht die Herausbildung der eigenen persönlichen Urteilsfähigkeit.

Der junge Goethe reist unter völlig anderen Vorzeichen. Ihm geht es nicht darum, in Beobachtung und Schlussfolgerung das rationale Denken zu trainieren; er reist wegen der sinnlichen Erfahrung; er erwartet sinnliche Eindrücke in besonderer Intensität. Diese neue Reisekultur wurde als sentimentale Reise bezeichnet. Zum ersten Mal in der Kulturgeschichte wird das individuelle, lustbetonte und freudige Erlebnis von Land und Leuten thematisiert. Im Mittelpunkt steht nicht der Tourist im modernen Sinne, sondern der fühlende, Landschaft und Kultur mit allen Sinnen enthusiastisch wahrnehmende Künstler, der sich selbst bildet und seine Eindrücke unmittelbar und unverfälscht aufschreiben möchte. Reisen ist eine Art Einübung ins Künstlertum.

Innerseelische Zustände

Auf welche Weise hat Goethe diese Erlebnisse im vorliegenden Gedicht gestaltet? Drei Zustände wechseln ab:

(1) Die Begegnung mit der Natur, die Kahnfahrt auf ruhigem Wasser, die Entsprechung von subjektiver Stimmung und äußerer Umgebung, verschafft zunächst Erholung und Regeneration.

(2) Anschließend durchbricht die Reflexion dieses Lebensgefühl. Frage und Antwort, die Vergegenwärtigung von Vergangenem und das Verscheuchen des Traums wechseln ab, danach folgt der Ausblick auf die Zukunft, eine neue Spur des Lebensplans.

(3) Als Abschluss und Synthese von Stimmung und Reflexion erscheint nun die Natur als Idylle; die Naturbilder beherrschen die Situation, Steigerung und Entwicklung offenbaren sich im Symbol der reifenden Frucht.

Natur als Ort der Regeneration

Diese unterschiedlichen Zustände lassen sich auch an der formalen Gestaltung ablesen. Die Regenerationsphase verhilft dem lyrischen Ich zu innerer Ruhe. Der Jambus der 1. Strophe verstärkt das aufsteigende Lebensgefühl, die Frische des Neubeginns. Die Gleichmäßigkeit der Kahnfahrt kommt im harmonischen Wechsel von Hebung und Senkung sowie in der gleichmäßig sich abwechselnden Länge und Kürze der Zeilen zum Ausdruck; die Reimform ist der Kreuzreim mit jeweils männlicher Kadenz. Die Naturbilder entsprechen der inneren Harmonie des Sprechenden. Das Bild entfaltet sich im Gleichklang der Bewegung: Die Wellenbewegung korrespondiert mit dem Takt des Ruderschlags, der innerseelische „Lauf" mit dem Streben der Berge „wolkig himmelan" (Z. 7).

Die plötzliche Verstörung des Sprechenden in der 2. Strophe spiegelt sich auch in der äußeren Form. Der Stimmungswechsel wird gedanklich durch die Form der Frage eingeführt. Die Erinnerung als „Traum" ist zwar golden (vgl. Z. 10), es schwingt aber Wehmut mit, ihr Erscheinen wird als beunruhigend empfunden: das Auge sinkt (vgl. Z. 9). Der Traum wird durch den Appell verscheucht; die Alliteration „Lieb' und Leben" (Z. 12) verstärkt formal die Betonung des neuen Lebens, das neue Erfahrungen bereithält. Metrisch zeigt sich die Brechung im vierhebigen Trochäus, im zweimaligen Paarreim und in der Verwendung weiblicher Kadenzen in den Fragen, männlicher Kadenzen in den Antworten. Die Erinnerung an Lili Schönemann und damit die Vorstellung von einer einengenden bürgerlichen Beziehung in häuslicher Atmosphäre taucht als Frage auf (weiblich) – die Antwort ist klar und ermutigend auf neue Erfahrungen und auf die Zukunft gerichtet (männlich).

Durchdachte Formgebung

Die Formgebung dieser 2. Strophe ist äußerst durchdacht, nichts ist dem spontanen Einfall geschuldet, alles ist überlegt und auf eine zielorientierte Entscheidung hin organisiert. Es drängt den Dichter, die eigenen Erfahrungen in poetische Bilder umzusetzen. Mit diesem Willen zur Veränderung geht er über die spezielle äußere Situation der Kahnfahrt auf dem See hinaus und schildert diese als allgemeinmenschlich. Es handelt sich um einen Reifungsprozess, der jedem Menschen in ähnlicher Lage widerfahren kann.

Analogie von Sternen und Individuum

Diese Erfahrung setzt sich in der 3. Strophe fort. Naturbilder von größeren Dimensionen beherrschen das Bild:

Die kosmischen Elemente der Sterne finden die Balance zu der Situation des Sprechenden, sie blinken auf der Welle, die in der 1. Strophe den Kahn noch im Rudertakt wiegt. Die Personifizierung der weichen Nebel (Z. 15) lässt sie als dem Sprecher entgegentretende gefühlvolle Personen erscheinen, die dem lyrischen Ich Aufgehobensein, Schutz und Geborgenheit vermitteln. Die Erfahrung am Schluss ist im Bild von der reifenden Frucht festgehalten; es symbolisiert Vervollkommnung, die Entwicklung zur Vollendung hin und damit den Genuss der Selbstfindung. Das Partizip Präsens „reifend" deutet an, dass die Vollendung im Werden begriffen ist; Reife zeigt sich so als ein Zustand reflektierter Selbstbestimmung.

Bedeutung der Personifizierung

Auffallend ist, dass in der 3. Strophe das lyrische Ich nicht eigens genannt wird. Es scheint sich im Bild der Naturbewegung sozusagen „verinnerlicht" zu haben; es ist erlebte Emotionalität. Das zur Reife gelangte Ich ist in einer allgemeineren Erfahrung und im neuen Lebensabschnitt aufgegangen. Dieses Miteinander zeigt sich auch formal: Die rhythmische Modulation hat die metrischen Formen von Jambus und Trochäus vereint; es wechseln weibliche mit männlichen Kadenzen.

Identitätsfindung im lyrischen Naturbild

Das Gedicht zeigt insgesamt die Einheit der Gegensätze. Die Selbstsuche des lyrischen Ich wird angesichts einer problematischen Partnerschaft reflektiert. Freiheit und Gebundenheit, Wehmut und Entschlossenheit, Rückblick und Zukunftsorientiertheit kommen dabei zur Sprache. Diese unvereinbaren Widersprüche löst das lyrische Ich weder auf, noch verharmlost es sie; vielmehr hält es sie aus. Dabei kommt der Natur die Aufgabe zu, diesen Identifikationsprozess zu ermöglichen. Sie stellt den Erlebnisraum zur Verfügung, in dem das lyrische Ich sich selbst findet. Dabei ist der Selbstfindungsprozess nicht abgeschlossen, was sich sowohl am Bild der noch reifenden Frucht als auch an der Gegenwärtigkeit der empfundenen Situation (Präsens der Verben) zeigt. Der „Morgenwind" (Z. 17) weist auf den Beginn des Tages hin, der in seinem Verlauf Raum für weitere Erfahrungen bieten kann. Der Lebensplan hat sich offenbar längst noch nicht erfüllt. Es fällt auf, dass die reifende Frucht nicht unmittelbar wahrgenommen wird, sondern lediglich als Spiegelbild und Selbstbespiegelung im See; sie ist allein im Modus des Indirekten erfahrbar.

Natur als Ermöglichung von Identität

Naturraum als Ort der Selbstfindung

Wahrnehmung und Reflexion

Mit diesem sprachlichen Bild leistet das Gedicht eine Distanzierung von der unmittelbaren Wahrnehmung sowie eine Reflexion über sie, die auf die hohe Kunst der Distanz und der Idealisierung der deutschen Klassik vorausweist. Nicht zu vergessen ist, dass das vorliegende Gedicht die interpretierende Gestaltung eines Erlebnisses ist, an das sich der Dichter aus zeitlichem Abstand erinnert. Die Verarbeitung in der Erinnerung hat sich an die Stelle des unmittelbaren Erlebens gesetzt, die Reflexion an die Stelle des Gefühls.

Klassik (1786–1805) – Natur als Symbol

Epochen-spezifische Merkmale	
	→ Erziehung des Menschen zur Humanität → Ideal der griechischen Antike → Versöhnung von Gegensätzen → Weiterführung des Autonomiegedankens → Natur als Gleichnis des Menschen → Reflexion und Gedankenlyrik → Goethes „vormoderner" Naturbegriff als lebendiges Anschauen der Natur

Programm der Klassik: Erziehung des Menschen zur Humanität

Wie die Aufklärer gingen die klassischen Autoren Goethe (1749–1832), Herder (1744–1803) und Schiller (1759–1805) von der Erziehbarkeit des Menschen zum Guten aus. Ziel war die Humanität, die wahre Menschlichkeit (das Schöne, Gute, Wahre). Den Erziehungsgedanken und das Ideal des wahren, umfassend gebildeten Menschen hat Schiller in seiner Schrift *Briefe über die ästhetische Erziehung des Menschen* (1795) entfaltet. Der Mensch sollte nicht nur einzelne Tugenden, wie z. B. Toleranz und Nächstenliebe, besitzen, sondern einem Ideal zustreben, das mit dem Begriff der Harmonie umschrieben wurde. Dies bedeutete, dass alle menschlichen Kräfte und Fertigkeiten gleichermaßen ausgebildet werden sollen: Gefühl und Verstand, künstlerisches Empfinden und wissenschaftliches Denken, theoretisches Erfassen und praktische Umsetzung. Diese Eigenschaften sollen eine ausgewogene Einheit bilden. Hierbei spielt der Gedanke der Versöhnung von Gegensätzen eine wichtige Rolle.

Versöhnung der Gegensätze

Verwirklicht sahen die Klassiker dieses Ideal in der griechischen Antike; die Griechen des klassischen Altertums hätten – jeder Einzelne und die gesamte Gesellschaft – ihre Kräfte allseitig und harmonisch entfaltet wie kein Volk zuvor oder danach.

In der Natur sei dieses Ideal nach Goethes Auffassung bereits Wirklichkeit. Zeit seines Lebens versuchte er, die mannigfaltigen Erscheinungsformen der Tier- und Pflanzenwelt auf bestimmte Urformen zurückzuführen, aus denen sich dann seiner Meinung nach die einzelnen, konkreten Formen durch Metamorphose entwickelt haben. Er entdeckte auch den Zwischenkieferknochen beim Menschen. Vor Goethe hatte das angebliche Fehlen dieses Knochens, der beim tierischen Schädel im Gegensatz zum menschlichen deutlich ausgeprägt ist, als Beweis dafür gegolten, dass der Mensch eine eigenständige Schöpfung der Natur (d. h. Gottes) sei. Durch seine Entdeckung zeigte nun Goethe Jahrzehnte vor dem Evolutionstheoretiker Charles Darwin (1809–1882) den Zusammenhang zwischen Tier- und Menschenwelt und damit die Einheit (Harmonie) der Natur. Er folgerte daraus die Analogie zwischen menschlichem Empfinden und naturhaftem Schaffen, zwischen dem Inneren des Subjekts und dem Äußeren der Natur.

Einheit der Natur

Kunst galt als Vorschein des Idealzustands. Mit ihrer Hilfe sollte die Veränderung des Einzelnen bewirkt werden. Dabei griff man auf den Erziehungsgedanken der Aufklärung zurück. Durch die Beschäftigung mit Kunst sollten sich die Menschen allmählich diesem Idealzustand annähern. Dabei nahm man in Kauf, dass sich dieses Unterfangen zunächst auf einen kleinen Kreis von Gebildeten beschränkte, einen Kreis, der sich mit der Zeit vergrößern würde. Aber der dahinter liegende Gedanke blieb bis in die Gegenwart lebendig: Die Poesie dient dazu, die Natur menschlich und den Menschen natürlich zu machen.

Funktion der Kunst

In der Tradition des abendländischen Denkens verbinden sich mit dem Wort Natur die Vorstellungen vom Selbstständigen, Freien, Ursprünglichen, Inneren und Ungebundenen. Man spricht auch davon, „seiner Natur freien Lauf zu lassen". Das Gegenwort ist Technik, die in allgemeiner Bedeutung als bewusst gesteuerte Einwirkung von Seiten des Menschen auf das Natürliche verstanden werden kann. Auch Kunst als die Technik des Poetischen gehört hierher und bezeichnet das Gegenteil von Natur.

Natur und Technik

Johann Wolfgang Goethe

Natur und Kunst, sie scheinen sich zu fliehen
Und haben sich, eh' man es denkt, gefunden;
Der Widerwille ist auch mir verschwunden,
Und beide scheinen gleich mich anzuziehen.

Es gilt wohl nur ein redliches Bemühen!
Und wenn wir erst in abgemeßnen Stunden
Mit Geist und Fleiß uns an die Kunst gebunden,
Mag frei Natur im Herzen wieder glühen.

So ist's mit aller Bildung auch beschaffen:
Vergebens werden ungebundne Geister
Nach der Vollendung reiner Höhe streben.

Wer Großes will, muß sich zusammenraffen;
In der Beschränkung zeigt sich erst der Meister,
Und das Gesetz nur kann uns Freiheit geben.

Mit dem Begriffspaar „Natur und Kunst", mit dem das um 1800 entstandene Gedicht beginnt, bezieht sich Goethe auf den Gegensatz beider Vorstellungsbereiche. Damit stellt sich sogleich die Frage, in welcher Weise ihr Verhältnis zueinander bestimmt wird, ob es dabei um Ausgleich geht, ob ihre Vereinbarkeit hergestellt oder ihre Gegensätzlichkeit als unaufhebbare polare Spannung behauptet werden soll. Inwiefern kommt das Natürliche im Kunstwerk selbst zum Ausdruck? Lässt sich das innere Erleben in künstlerischer Form aussagen? Ist nicht sogar die Kunst der einzige subjektiv-empfindsame und ungeregelt-impulsive Ausdruck des menschlichen Individuums, der es erlaubt, das naturgegebene und von keiner gesellschaftlichen oder sittlich-normativen Vorschrift eingeschränkte Wesen des Menschen zu verwirklichen? Oder ist mit Kunst die Einhaltung von Regeln gemeint, von metrischen Gesetzmäßigkeiten und Gattungsvorschriften, also das Künstliche, unter dessen Vorschriften die Schaffenskräfte der Natur sich nicht entfalten können? Aus diesen Erwägungen zur 1. Zeile des Gedichts wird ersichtlich, dass das Gedicht im Ganzen ein Problem thematisiert: das Problem der Harmonie oder Nicht-Harmonie von Natur und Kunst. Deshalb ist zu erwarten, dass sich das lyrische Ich dem Thema des Gedichts eher in argumentativ geäußerten Gedanken als im bildhaften Sprechen nähert. Der Sprecher fungiert nicht als Instanz des Schauens, sondern als Instanz der Überlegung, der Begründung und der Schlussfolgerung.

Problem der Harmonie oder Nicht-Harmonie von Natur und Kunst

Goethe benutzt zum Zweck der gedanklichen Auseinandersetzung mit dem genannten Thema die lyrische

Form des Sonetts. Diese Gedichtform kommt schon von ihrer Grundstruktur her mit der dualistischen Unterteilung in zwei Quartette und zwei Terzette der Erörterung eines Begriffspaares entgegen. In historischer Hinsicht lässt sich feststellen, dass das Sonett oftmals herangezogen wurde, um polare Spannungsbereiche darzustellen. Im deutschen Sprachraum ist das Sonett seit dem 16. Jahrhundert bekannt und diente den Dichtern der literarischen Epoche des Barock (1600–1720) dazu, die Gegensätzlichkeit zwischen der Erfahrung des Diesseits und der Erwartung des Jenseits einzufangen. Der formale Aufbau ermöglichte ihnen, ihre Gedanken Schritt für Schritt zu entwickeln und auf eine Problemlösung in den Terzetten hin zu organisieren.

Form des Sonetts

Allerdings bringt die strenge Sonett-Struktur auch Hindernisse mit sich. So haben die Dichter des Sturm und Drang, darunter auch Goethe selbst, diese Gedichtform gerade wegen ihrer einengenden Gedankenführung abgelehnt; der Aufbau des Gedichts vermittelte ihnen den Eindruck von Geschlossenheit und Harmonie, einem Lebensgefühl, dem die Stürmer und Dränger sich auf keinen Fall unterwerfen wollten. Wenn sich nun Goethe wieder auf das Sonett besinnt und die traditionelle Form für die Behandlung eines wichtigen Themas wählt, dann lässt sich darin nicht nur sein eigener, sondern darüber hinaus auch ein epochengeschichtlich bedeutsamer Wandel beobachten.

Die strenge Beschränkung, die die Sonettform jeglichen gedanklichen Überlegungen auferlegt, zeigt sich im strikt durchgehaltenen fünfhebigen Jambus mit jeweils weiblichen Kadenzen an den Zeilenenden sowie in der formgebenden Reimstruktur: *abba abba cde cde*. Durch den umarmenden Reim werden die Quartette äußerlich abgeschlossen; sie wirken wie massive Blöcke. Die beiden Terzette sind über das Mittel der Reime miteinander verknüpft. Schon äußerlich lassen sich die Quartette als Beschreibung und Darlegung erkennen; die Terzette fließen ineinander über und vermitteln eher eine Entwicklung und ineinandergefügte Gedankenführung.

Formale Struktur

Die 1. Zeile des 1. Quartetts behauptet die scheinbare Gegensätzlichkeit von Natur und Kunst, nimmt aber sofort darauf die Nichtvereinbarkeit zurück: „Und haben sich […] gefunden“ (Z. 2). In Z. 3 bezeichnet der lyrische Sprecher seinen Widerwillen gegen die Vereinbarkeit beider Sphären als „verschwunden“. Möglicherweise meint Goethe hiermit die Distanzierung zur eigenen Dichtung der Jugendzeit. Überträgt man die gemeinte Zeit nicht nur auf die biographischen Erlebnisse des jungen Goethe, sondern auch auf die Genieästhetik des Sturm und Drang, in der das Genie der Kunst die Regeln vorgab, so deutet sich hier bereits eine Haltung an, die auf Versöhnung zielt. Beides, Natur und Kunst, Genie und Kunstfertigkeit, Inneres und Äußeres, „scheinen gleich mich anzuziehen“ (Z. 4). Damit schließt die Darlegung des 1. Quartetts: Natur und Kunst erweisen sich als vereinbar.

1. Quartett: Darlegung

2. Quartett: Erweiterung

Die neue Einsicht wird im 2. Quartett weiter ausgeführt. Es fallen die entscheidenden Begriffe, die die Wechselbeziehung zum Ausdruck bringen: Gebundenheit und Freiheit. Die Bindung des lyrischen Ich an die Kunst erfolgt über „Geist und Fleiß“ (Z. 7). Dabei ist die Bedingungsstruktur der Aussage von Bedeutung: Wenn dies erfüllt ist, also der Dichter sich den Regeln der Kunst zuwendet, dann ereignet sich die Verwirklichung der Natur „im Herzen“ (Z. 8). Ihr Glühen (vgl. Z. 8) ist die Folge des durch Ratio und Anstrengung bestimmten Bemühens. Die Ursache (Bemühen) und die Wirkung (Glühen) sind über das formale Mittel des Reims miteinander verknüpft. Die im 1. Quartett dargelegte These ist somit um ihre technische Voraussetzung erweitert: Die Vereinigung von Natur und Kunst setzt die Kunstform voraus. Damit ist die grundsätzliche Darlegung abgeschlossen. Das folgende Sextett (Aufeinanderfolge zweier Terzette) führt zu einem neuen Gedanken.

1. Terzett: Reflexion

Das 1. Terzett setzt mit einer auf Verallgemeinerung abzielenden Folgerung ein: „So ist’s mit aller Bildung auch beschaffen“ (Z. 9). Die Übertragung des Kunstschaffens auf den Bereich der Bildung stellt Kunst in den größeren Zusammenhang der idealischen Erziehung des Menschen. Gemeint ist hier das klassische Bildungsideal, das als Verarbeitung (Synthese) von Wissen, Verstand und Gefühl galt und zu den wesentlichen Lebensaufgaben und Dichtungszielen der Klassiker gehörte. Dieses Ideal bindet die naturgegebenen Kräfte des Individuums mit der gesellschaftlichen Position und Verantwortung zusammen. (Der Werdegang des Einzelnen in die gesellschaftliche Verantwortung wird in dem 1795/96 verfassten Bildungsroman Goethes *Wilhelm Meisters Lehrjahre* auf exemplarische Weise dargestellt.) Wie eine Mahnung schließt sich die Äußerung in Z. 10 f. an, die ungebundenen Geistern die Vollendung abspricht. Das 1. Terzett zielt also auf eine ethische Reflexion.

2. Terzett: Schlussfolgerung

Diese wird im 2. Terzett zu einem Motto pointiert zusammengefasst, das in der Mitte des Terzetts steht: „In der Beschränkung zeigt sich erst der Meister" (Z. 13). Mit der letzten Zeile wird die Schlussfolgerung des gesamten Gedankengangs gezogen. Sie beinhaltet die zentrale Einsicht, dass erst die Befolgung der Notwendigkeit des Gesetzes (vgl. Z. 14) zu wahrer Freiheit führt.

Hier äußert sich im Kern der klassische Gedanke, dass die Phantasie des Einzelnen, der subjektive Gefühlsausdruck und das Schöpferische der Natur erst dann zum Ideal geworden sind, wenn die Regeln der Vernunft eingehalten werden.

Weltanschauung der Klassik

In weltanschaulicher Hinsicht zeigt sich in dem vorliegenden Sonett die Anschauung der Klassik vom Ausgleich der Extreme. Es geht nicht um den streitbaren Konflikt zwischen naturhafter Begeisterung und sittlicher Verantwortung, zwischen Ichbezogenheit und Gesellschaft, sondern um deren Versöhnung. Im Zentrum aller Überlegungen des Klassikers Goethe stehen Ausgleich und Harmonie von Trieb und Geist, von Neigung und Pflicht, von Gefühl und Verstand, von Naturempfindung und Kunstgestaltung.

Menschenbild

Die Wende in Goethes Leben, die sich als Abkehr von den Ansprüchen der Sturm-und-Drang-Zeit deuten lässt, bringt auch ein neues Menschenbild hervor. Dichterischer Ausdruck des Ungestümen und des Aufbegehrens eines Tatmenschen war im Sturm und Drang die Figur des „Prometheus". Sein Genie gipfelte in der Herausforderung der Götter. Auf dem Weg zur Klassik, beispielhaft verwirklicht im Gedicht „Grenzen der Menschheit" (Erstdruck 1789), fordert der Dichter den Menschen auf, dass er sich seiner Möglichkeiten bewusst werde. In dem wohl 1783 entstandenen Gedicht „Das Göttliche" wird der Mensch als jemand dargestellt, der allein innerhalb der menschlichen Grenzen die Freiheit zum sittlichen

Handeln gewinnt. Die Orientierung am Ideal der Humanität verbindet Goethe mit der Vorstellung von dem sich selbst bestimmenden Menschen, der sich unabhängig von aller Naturkausalität die Gesetze seines Handelns in Freiheit selbst gibt. So kommt der aufklärerische Begriff der Autonomie, in dem sich der Mensch aus reinem Willen als gesetzgebend bestimmt, in der deutschen Klassik erneut zur Geltung.

Gegenstand von Lyrik

In Hinsicht auf den Erfahrungsbereich der Lyrik weist das vorliegende Sonett auf eine neue Sichtweise hin, die sich im Verlauf der klassischen Gedichte Goethes immer stärker herausbilden wird. Gemeint ist die Abkehr von der rein schöpferischen, spontanen Naturhaftigkeit der Erlebnisdichtung hin zu einer Dichtung, die durch einen hohen Grad an Reflektiertheit gekennzeichnet ist. Im Vordergrund steht bei den Gedichten Goethes vor allem die Haltung der Verallgemeinerung, die über die individuelle Befindlichkeit des Augenblicks und des einzelnen Geschehens hinausgeht und das gesetzmäßig Gültige formuliert. Das bedeutet zwar nicht die Aufhebung der sinnlichen Merkmale in den Gedichten (z. B. der Naturmotive), aber doch ihre sekundäre Stellung hinter den allgemeinen Einsichten. Zum Gegenstand der Lyrik werden zunehmend gedankliche Einsichten, so dass man den Begriff der Gedankenlyrik prägte. Ihr Thema sind beispielsweise Reflexionen über das Verhältnis zwischen Naturbeobachtung und menschlicher Natur, ein Verhältnis, das in der Figur des Symbols dichterischen Ausdruck findet.

Biographie

Auch die veränderten Lebensumstände Goethes lassen diese Neuerungen deutlich werden. Ab 1779 war er in den Ministerrang am Hofe des Herzogs aufgestiegen und bekleidete damit ein Amt mit Aufgaben im Bereich der Verwaltung, der staatlichen Finanzgeschäfte, von Bergbau und Wegebau und des Militärwesens. Goethe trug also Verantwortung im öffentlichen Bereich. Er war Mitglied des „Geheimen Consiliums“, des höchsten Beratungsgremiums des Herzogs. Nach seiner Rückkehr aus Italien 1788 lockerten sich zwar die staatlichen Verpflichtungen, doch behielt er die Aufsicht über die Institutionen von Bildung und Kultur. Sein Leben in Weimar war von Selbstdisziplin und gesellschaftlichen Verpflichtungen geprägt.

Johann Wolfgang Goethe

Ein gleiches (Wandrers Nachtlied)

Über allen Gipfeln
Ist Ruh,
In allen Wipfeln
Spürest du
Kaum einen Hauch;
Die Vögelein schweigen im Walde.
Warte nur, balde
Ruhest du auch.

Der Titel des Gedichts besagt, dass es sich um ein zweites „Wandrers Nachtlied" handelt, dem das vorliegende Gedicht in der Werkausgabe von 1815 folgt. Entstanden ist es wahrscheinlich am Abend des 6. September 1780 auf dem Kickelhahn bei Ilmenau. Goethe hat es an die Bretterwand einer Hütte geschrieben, in der er in jener Zeit öfters übernachtete.

Gedicht als Ausdruck von Reflexion

Das Gedicht ist nicht Ausdruck einer unmittelbaren Beobachtung, sondern das Ergebnis einer Reflexion. Was sich in ihm – formvollendet und klangvoll – ausdrückt, ist ein gedanklicher Vorgang, der die sinnliche Wahrnehmung reflektiert, d.h. der lyrische Sprecher hat seine Beobachtungen in den Rahmen einer Gesamtordnung eingefügt. Dabei beginnt er mit der anorganischen Natur („Gipfeln"), geht weiter zur organischen Natur, zunächst der botanischen („Wipfel"), dann der Fauna („Vögelein"), schließlich zum Menschen („du"). In dieser Abfolge wiederholt sich der Schöpfungsprozess, wie er aus dem Schöpfungsbericht der Genesis bekannt ist. Es spiegelt sich die Bewegung von der Erde zum Lebewesen, vom Allgemeinen zum Besonderen, vom Fernen zum Nahegelegenen, von dem, was oben ist, zu dem, was sich unten befindet. Am Anfang steht die Natur in ihrer allumfassenden Ganzheit, am Ende die auf den Menschen hin gerichtete Natur im Besonderen. Das verbindende Element der Stufenabfolge liegt in der alle Einzelerscheinungen umfassenden Beruhigung, in der Stille und im Schweigen („ist Ruh" – „kaum einen Hauch" – „schweigen" – „Ruhest du"). Mit der besänftigenden Formel vom „Warte nur" wird ein Du angesprochen, das im Gesamtzusammenhang des Kosmos und der umgebenden Natur erscheint.

Darstellung des kreativen Prozesses

Mensch im Gesamtzusammenhang allumfassender Natur

Mit den beiden Schlusszeilen greift der Sprecher über die Natur hinaus und ordnet das Einzelschicksal des Menschen in den Kreislauf alles Geschehens ein: So wie der gesamte Kosmos von Ruhe durchwaltet ist, so wird es „auch“ die einzelne menschliche Seele sein. Die Position des Wortes „auch“ am Ende des Gedichts behauptet mit Nachdruck die Verbindung von Allgemeinheit und Individuum. Das mit „auch“ gereimte Wort „Hauch“ zuvor erinnert an Atem, Geist und Seele. Der kreative Prozess, der sich vom Anfang her entfaltet, ist im gesamten Kosmos und in allen Kreaturen wirksam. Auffällig ist zudem, dass der in den ersten vier Zeilen verwendete Kreuzreim durch einen in den letzten vier Zeilen viel umfassenderen Umarmungsreim abgelöst wird. Die in Aussicht gestellte baldige Ruhe des Angesprochenen wird durch den umarmenden Reim auch formal in den großen Zusammenhang einbezogen. Das lässt sich auch daran ablesen, dass zwischen den ersten vier Zeilen und den folgenden vier Zeilen durch den Wechsel der Reimstruktur kein Bruch entsteht. Stattdessen geht die erste Hälfte des Gedichts aufgrund des Zeilenenjambements (Zeilensprungs) in die zweite über. Hinzu kommt, dass der in Z. 3 begonnene Satz in Z. 5 endet, also auch in der syntaktischen Struktur eine Verbindung hergestellt wird.

Formale Struktur

Durch dieses verbindende Element sind die Aussagen auf den Schluss hin organisiert. Verstärkt wird dies auch durch die Lautqualität. Das Gedicht weist in den betonten Vokalen eine Vielzahl dunkler Vokale auf, in den letzten beiden Zeilen ausschließlich dunkle Vokale. Der Lautbereich mit seinem Assoziationswert des Dunklen und Ruhigen löst die als Trost versprochene Ruhe am Ende schon vorher in der Klangqualität ein.

Das Gedicht ist sowohl Selbstanrede des lyrischen Ich als auch gleichzeitig allgemeine Ansprache an einen anderen, an jeden Menschen. Die auf den Menschen übertragene Ruhe lässt sich als Trost verstehen, vielleicht auch als letzte Ruhe, also als Ausblick auf den Tod. Es ist die Erkenntnis vom Kreislauf der Natur, die besagt, dass der Einzelne am universalen Zusammenhang des Lebens teilhat. Die Entwicklungsgeschichte der unbelebten und der belebten Natur wird als die Form verstanden, in der der Mensch von innen die Schöpfung miterlebt. Die Vorstellung, dass der Einzelne das Abbild vom Urbild des Allgemeinen ist, kommt im biblischen Schöpfungsgedanken von der menschlichen Ebenbildlichkeit ebenso zum Ausdruck wie in der moralischen Orientierung des Einzelnen am Sittengesetz der Menschheit.

Naturverständnis Goethes

Der hier zugrunde gelegte Naturbegriff ist exemplarisch für Goethes gesamtes Naturverständnis. Zur näheren Klärung ist eine Abgrenzung vom modernen Naturbegriff hilfreich. In der Moderne wird die durch technische Experimente untersuchte Natur zum Objekt des forschenden Subjekts. Natur erscheint seit dem englischen Philosophen und Wissenschaftler Francis Bacon (1561–1626) als durch empirische Methoden angeeignete, nützliche Natur. Dabei ist wesentlich, dass der Forschende Distanz zur Natur aufbaut, die ihm Erkenntnis ermöglicht. Goethe betont in seinen naturkundlichen Forschungen die Rolle des Beobachters als eines partizipierenden Bewusstseins. Dessen lebendiges Anschauen der Natur soll genauso beweglich sein wie die Natur selbst. Für Goethe ist Natur lebendige Produktivität, die den Betrachter mit in ihre Schaffenskraft einschließt. Es geht ihm in seiner Begeisterung für die Natur um deren Würde, nicht um ihre Nutzbarmachung. Der Forscher und der Dichter Goethe hat einen heilenden Blick auf die Natur und den in ihr aufgehobenen Menschen.

Natur als lebendige Produktivität

Romantik (1795–1835) – Natur als Sehnsuchtsraum

Epochenspezifische Merkmale	
	→ Emotionale Subjektivität → Einheit von Verstand und Seele → Motive der Sehnsucht und der Nacht → Fortsetzung ins Unendliche → Transformation der Natur

Innenwelt der bürgerlichen Existenz als Verbindung von Aufklärung und Romantik

Die philosophisch-literarische Bewegung der Romantik entsteht als Reaktion auf eine rein zweckgerichtet rationalistisch verstandene Aufklärung und betont an ihrer Stelle Phantasie, Kontemplation und das intensive Gefühl. Die Dichtungen dieser Epoche werden daher oftmals mit Attributen wie „wunderbar“, „träumerisch“, „innerlich“ ,„unwirklich“ und „mythisch“ belegt, ein Zeichen dafür, wie stark ihre Abkehr vom reinen Vernunftprinzip, dem empirisch- rationalen Weltbild und der beginnenden Wissenschaftsgläubigkeit der Spätaufklärung verstanden wird. Was die Romantik dennoch mit der Zeit der Aufklärung gemeinsam hat, ist in gesellschaftlicher Hinsicht die dominante Orientierung an der Innenwelt der bürgerlichen Existenz. Auch die Aufklärung war daran interessiert, die Welt des Subjekts, Reflexion und Imagination, Genialität und Kritik, Psychologie und Physiologie kennenzulernen. Die aufklärerische Kritik an der höfischen und klerikalen Prachtentfaltung nahm ihren Anfang im Zeichen von Verstand, Natur und Innerlichkeit. Karl Philipp Moritz (1756–1793) gibt ab 1783 das *Magazin zur Erfahrungsseelenkunde* heraus, das die Innensicht des Menschen thematisiert und von den Romantikern eifrig gelesen wird.

Gefühl und Selbstbestimmung

Selbstbestimmung des Einzelnen heißt auch, sich seiner eigenen Gefühle zu vergewissern und diese ausdrücken zu können. In dieser Fähigkeit liegt sogar eine subversive Kraft gegenüber moralischen Normen und gesellschaftlichen Zwängen. Deshalb ist es zu kurz gegriffen, Aufklärung und Romantik einander entgegenzusetzen.

In geschichtlicher Hinsicht hatte die Französische Revolution (1789) bereits gezeigt, dass die gesellschaftlichen

Verhältnisse einer ständigen Veränderung in politischen, sozialen und moralischen Bereichen unterliegen. Die Lebensordnungen, die bis dahin in klaren, festgefügten Strukturen eingebettet gewesen sind, werden zunehmend destabilisiert; der Einzelne hat keinen vorherbestimmten Platz in der Gesellschaft mehr. Damit fällt ihm die Aufgabe zu, sich innerhalb der neuen Machtverhältnisse selbst eine Position zu erringen. Die romantische Geisteshaltung sucht deshalb nach einem Gegengewicht in der Rückbesinnung auf die deutsche Volksdichtung in Märchen, Sagen und Volksliedern. Angesichts der Expansionspolitik Napoleons propagiert die romantische Kultur das Ideal des christlichen Mittelalters, um in seinem Namen die neue Zeit zu gestalten und die Vision eines christlich idealen Staatswesens zu entwerfen.

Rückbesinnung auf Märchen und das christliche Mittelalter

In philosophischer Hinsicht tendiert die Romantik zur Vereinheitlichung und Universalisierung aller Forschungsbereiche. Der Philosoph Friedrich Wilhelm Joseph von Schelling (1775–1854) hat die romantische Dichtung mit seinem Werk *Ideen zu einer Philosophie der Natur* nachhaltig beeinflusst, so dass er als der Philosoph der Romantik gelten kann. Romantische Literatur möchte den Menschen in seiner Ganzheit erfassen und seine Verstandes- und Seelenkräfte ausloten. Dass sie dabei die Schattenseiten des Menschen, das Irrationale, die Träume und das Böse, übermäßig betont, ist dem Interesse am Unbewussten zu verdanken. Die literarischen Produkte realisieren einen subjektiven Gefühlsausdruck, in dem sich der Wunsch nach einer allseitigen „Poetisierung der Welt“ (Novalis, 1772–1801) ausspricht, so dass der Mensch in seiner Ursprünglichkeit zur Erscheinung gelangen kann. Mit dieser Auffassung steht die Romantik in der Tradition des alten, noch in der Frühaufklärung gültigen Identitätsdenkens zwischen Makro- und Mikrokosmos. Mit Begeisterung „stürzen“ sich die Romantiker auf die Erscheinungen der Natur, in der sie jene Ursprungseinheit zwischen Gedanke und Gefühl, zwischen Mensch und Welt, zwischen Schöpfer und Geschöpf verwirklicht sehen. Eichendorffs Gedicht „Sehnsucht“ versinnbildlicht in besonderer Weise diese poetische Vision von der Einheit zwischen Natur und Ich.

Ganzheit von Verstandes- und Seelenkräften

Joseph von Eichendorff

Sehnsucht

Es schienen so golden die Sterne,
Am Fenster ich einsam stand
Und hörte aus weiter Ferne
Ein Posthorn im stillen Land.
Das Herz mir im Leib entbrennte,
Da hab ich mir heimlich gedacht:
Ach, wer da mitreisen könnte
In der prächtigen Sommernacht!

Zwei junge Gesellen gingen
Vorüber am Bergeshang,
Ich hörte im Wandern sie singen
Die stille Gegend entlang:
Von schwindelnden Felsenschlüften,
Wo die Wälder rauschen so sacht,
Von Quellen, die von den Klüften
Sich stürzen in die Waldesnacht.

Sie sangen von Marmorbildern,
Von Gärten, die überm Gestein
In dämmernden Lauben verwildern,
Palästen im Mondenschein,
Wo die Mädchen am Fenster lauschen,
Wann der Lauten Klang erwacht
Und die Brunnen verschlafen rauschen
In der prächtigen Sommernacht. –

Beherrscht wird das Gedicht von einem fließenden, liedhaften Rhythmus. Er trägt die verschiedenen Bildeindrücke, die alle ein nächtliches Naturerlebnis in seiner Einheit vergegenwärtigen. Zentrum dieser Vergegenwärtigung ist das lyrische Ich, das als ruhender Pol auftritt: Der Sprecher ruft sich Geschehnisse, Farben, Töne und Bilder so lebhaft ins Gedächtnis, dass diese auch dem Leser unmittelbar vor Augen erscheinen. Dennoch gehört die Situation als solche der Vergangenheit an, wie die Zeitform des Präteritums verdeutlicht. Damit wird automatisch die Distanz zwischen dem lyrischen Ich und dem von ihm Erlebten erkennbar.

Schwellensituation des lyrischen Ich

Seine Position kann als Schwellensituation bezeichnet werden. Am Fenster stehend, ist der Sprecher sowohl nach innen gerichtet als auch sehnsuchtsvoll dem Äußeren zugewandt und erlebt einen Grenzbereich zwischen seiner bürgerlichen Alltagswelt und der Öffnung in die Weite der Natur. Wie der Titel andeutet, erfüllt sich die Art und Weise seiner Wahrnehmung ganz und gar in der Sehnsucht. Der Sprecher steht unverändert lauschend am Fenster und öffnet sich gedanklich („Da hab ich mir heimlich gedacht", Z. 6) der Weite seiner Phantasie. Die Fenstersituation zeigt darüber hinaus ein Zweites: Die Bilder sind allein in der Erinnerung vorhanden, wodurch sie zugleich gedeutet werden, d. h. was in diesem Gedicht vorliegt, ist Wahrnehmung und Reflexion, Beschreibung und Interpretation in einem.

Die Situation des lyrischen Ich ist gekennzeichnet von Einsamkeit, Stille und Enge. Der Klang des Posthorns, verknüpft mit der Vorstellung von einer Kutschfahrt durch die nächtliche Landschaft, ruft augenblicklich in ihm das Begehren hervor („Das Herz mir im Leib entbrennte", Z. 5), auf Reisen zu gehen. Es ist der Wunsch, die Enge der Realität zu verlassen, worin sich ein Grundmotiv der Romantik, das Motiv des Aufbruchs, zeigt. Es steht auch am Anfang der Eichendorff-Novelle *Aus dem Leben eines Taugenichts*. Der junge Müllersbursche „taugt" nicht zum Müllerhandwerk und bricht nach Italien, dem Kernland der Antike und zugleich Mittelpunkt der christlichen Welt, auf, um seine Sehnsucht zu befriedigen. Der junge Florio, eine Figur aus der Eichendorff-Novelle *Das Marmorbild*, tritt am Anfang des Geschehens in die lebensfreudige Kultursphäre der Stadt Lucca ein und erlebt traumbildähnliche, innerseelische und sinnliche Abenteuer. Aufbruch bedeutet den Romantikern Zauber und Verlockung, den Weg in die Fremde und die Selbstsuche. Damit sind die gegensätzlichen Bereiche im Ganzen umschrieben: Innen und Außen, Enge und Weite, Statik und Dynamik, Einsamkeit und Gemeinschaft, das Alte und das Neue, das Alltägliche und das Besondere (das „Prächtige"), das Bekannte und die Freude auf neue Erfahrungen. Die Sommernacht im vorliegenden Eichendorff-Gedicht erscheint als Zeit der Entgrenzung.

Romantische Motive: Aufbruch, Wanderschaft, Zauber und Verlockung

Das Vokabular entspricht „romantischen" Vorstellungen: „Sterne", Z. 1, „Sommernacht", Z. 8 und 24, Musik erklingt („singen", Z. 11 und 17, „der Lauten Klang", Z. 22), die Natur ist gegenwärtig in Ausdrücken wie „am Bergeshang"

Nacht als Zeit der Entgrenzung

(Z. 10) und „stille Gegend“ (Z. 12), im Bild von den „Felsenschlüften“, d. h. Felsenschluchten (Z. 13) und in der akustischen Vorstellung „Wo die Wälder rauschen so sacht“ (Z. 14). Thematisiert werden aber auch Bereiche der kulturellen Landschaft: „Marmorbilder[n]“ (Z. 17), „Gärten“ (Z. 18), „Lauben“ (Z. 19) und „Paläste[n]“ (Z. 20); und schließlich kommen Personen hinzu: die jungen Gesellen (vgl. Z. 9) und die „Mädchen am Fenster“ (Z. 21).

Strophenform

Dass das Gedicht jedoch mehr ist als bloße „Stimmung“, ist allein schon am Aufbau zu erkennen. Es besteht aus drei achtzeiligen Volksliedstrophen. Diese Strophenform hat sich aus dem Hildebrandston entwickelt, einer Strophenanordnung mittelalterlicher Verskunst in vier Langzeilen mit klingenden An- und stumpfen Abversen, benannt nach dem in dieser Form abgefassten „Jüngeren Hildebrandslied“. Die acht Zeilen haben jeweils abwechselnd weibliche und männliche Kadenzen und weisen beim Reimschema den doppelten Kreuzreim auf: *abab / cdcd*. So entsteht in jeder Strophe eine leichte Zäsur zwischen vierter und fünfter Zeile. Das metrische Grundgerüst weist jeder Zeile drei betonte Silben zu; die Senkungen sind variabel. Da nur geringfügige Zeilensprünge auftreten, so dass die Satzteile und die Zeilen gemeinsam enden (z. B. von Z. 2 auf 3, wo dasselbe Subjekt mit zwei Prädikaten verbunden ist), zeigt sich der fließende Rhythmus auch über die Zeilengrenzen hinweg.

Beschreibung und Reflexion im Lied

Das Gedicht wird durch den Doppelpunkt in Z. 12 in zwei gleiche Teile geteilt: Im ersten Teil wird die Situation des am Fenster stehenden Sprechers dargestellt, der das Lied zweier Wandergesellen hört; die zweite Hälfte gibt den Inhalt des Gesangs der Gesellen wieder. Diese symmetrische Anordnung wird durch den Refrain am Ende der ersten und der dritten Strophe unterstrichen. So entsteht für die zweite Strophe ein Rahmen, der den Mittelpunkt des Gedichts betont, nämlich die Schwelle zwischen lyrischem Sprecher und erklingendem Lied, zwischen Sehnsucht und Erfüllung.

Die Begrenztheit der Person, nämlich die Reflexion über die Bedingungen ihrer geistig-physischen Existenz, ist der Auslöser für die dargestellte Empfindung. In Z. 4 endet die erste Hälfte der 1. Strophe mit einem Punkt, und zwar an der Stelle, an der das Posthorn erklingt. Das dadurch bewirkte Gefühl, der innige Wunsch zu reisen, wird auch syntaktisch in einen neuen Satz gefasst. Der Wunsch wird als so wesentlich erlebt, dass sich dies auch auf der formalen Ebene in der Betonungsverteilung ausdrückt. In der Folgezeile „Da hab ich mir heimlich gedacht“ (Z. 6) wird die Betonung auf der ersten Silbe „da“ erzwungen, und zwar abweichend vom Grundschema der üblichen Hebungsverteilung. So rückt der intensive Augenblick in den Mittelpunkt, der den Sprecher beinahe „überfällt“ und ihn plötzlich an Aufbruch denken lässt. Der Ausruf „Ach“ in der nächsten Zeile wird durch ein Komma vom Folgenden abgetrennt, was die Interjektion als Ausdruck der sehnsuchtsvollen Empfindung, die beiden Gesellen zu begleiten, hervorhebt. Außerdem erhält sie wiederum die Betonung, um die gesteigerte Emotion des Sprechers auch lautlich in den Vordergrund zu rücken. Die Folgesilben „wer – da – mit…“ werden ebenso durch die Betonung verstärkt, um Wunsch und Sehnsucht noch intensiver erleben zu lassen. Wie wenig dieser Wunsch allerdings auf eine reale Erfüllung hin formuliert ist, zeigt sich dem Leser im anschließenden Konjunktiv (Irrealis): „Ach, wer da mitreisen könnte.“ Bereits im Aussprechen des Wunsches scheint seine Unerfüllbarkeit mitgemeint. Daraus folgt, dass für den Sprecher die Sehnsucht als solche eine positive Qualität besitzt. Sie hat sozusagen an sich selbst genug und ist ihr eigenes Ziel.

Betonungen

Sehnsucht hat ihr Ziel in sich selbst

Der thematischen Entgegensetzung beider Gedichtteile entspricht die Dominanz der Verben in der ersten Gedichthälfte als Ausdruck für die innere, auf Rezeption gerichtete Haltung (hören, entbrennen, mitreisen, singen, hören); die Dominanz der Substantive in der zweiten Gedichthälfte für die von außen eindringenden Bildeindrücke (Felsenschlüfte, Quellen, Marmorbilder, Gärten). Der Sprecher stellt sich die Dinge vor, die die Wandergesellen auf ihrem Weg wahrnehmen. Das Gedicht entfaltet also indirekt über den Liedinhalt eine Landschaftsbeschreibung, die von akustischen Reizen beherrscht wird: vom Rauschen der Wälder (Z. 14), dem Klang der Lauten (Z. 22) und dem verschlafenen Rauschen der Brunnen (Z. 23). Die Landschaft ist zunächst geprägt von Bildern der Bedrohung, von steilen Klüften und tiefen Schluchten (Z. 13–16). Es ist die unvertraute, bedrohlich-elementare Natur, die hier beschworen wird und als

Landschaft

Erlebnisquelle der Dichtung dient. Man wird erinnert an die Hochgebirgslandschaften in den Bildern Caspar David Friedrichs, wo die ungebändigten Naturkräfte dem Maler zu religiösen „Andachtslandschaften“ werden konnten.

Die Zweiteilung des Gedichts zeigt sich auch durch die inhaltlichen Entsprechungen der beiden Teile: Die „weite Ferne“ (1. Strophe) erhält ihr sehnsuchtsvolles Gegenbild in den irrealen Dingen der Marmorbilder, der Gärten und Paläste (3. Strophe); der Glanz der Sterne (1. Strophe) kehrt wieder im Bild vom Mondschein (3. Strophe); dem Klang des Posthorns (1. Strophe) korrespondiert der Klang der Lauten (3. Strophe), dem Lauschen des am Fenster stehenden Ich entspricht das Verhalten der Mädchen (3. Strophe), die ebenfalls „am Fenster lauschen“.

Ideal antiker Kultur

Im Lied der Gesellen tauchen mythische Orte und die Requisiten eines Idealbildes antiker Kulturlandschaft auf. Das bilderreiche Gefüge von Entsprechungen veranschaulicht die Einheit von Subjekt, Sehnsucht und Traumwelt. Der Refrain des Liedes ist die wörtliche Wiederholung der Reisesehnsucht des lyrischen Ich, die es beim Klang des Posthorns empfindet, so dass umgekehrt die im Lied der Wanderer geschilderte Landschaft zum Ziel der Sehnsucht als solcher geworden ist. Der Gedankenstrich am Ende des Gedichts deutet darauf hin, dass das Gedicht an dieser Stelle nicht beendet ist, sondern in der Phantasie des Lesers fortgesetzt wird. Dadurch wird eine Steigerung der Sehnsucht ins Unendliche erreicht.

Fortsetzung des Gedichts ins Unendliche

Aufhebung von Traum und Wirklichkeit

Das Gedicht konzentriert sich auf die subjektive Innenwelt des Sprechers. Die Sehnsucht, die ihren Widerhall im Lied der Wanderer findet, weist in die Unendlichkeit; gleichzeitig ist sie eine Rückwendung auf sich selbst als Versuch der Selbstfindung. Die Motive der Nacht, des Aufbruchs, des Wanderns und des Singens (der Sänger ist nach alter Tradition immer auch der Poet) bilden für die romantischen Dichter die Möglichkeit der Ich-Erfahrung, der Rückbesinnung auf das Innere, und gestalten damit die Entgrenzung von Traum und Wirklichkeit.

Daher kann das Gedicht nicht einfach als Flucht aus dem Alltag interpretiert werden. Das lyrische Ich träumt zwar vom Aufbruch, aber dieser Traum beinhaltet keine Abkehr von der Gegenwart. Vielmehr hält er ihr den Spiegel ihrer eigenen unterdrückten Energien und der in ihr verloren gegangenen Werte vor. Dazu gehören Harmonie und Einklang des einzelnen Menschen mit sich selbst, das zwischenmenschliche Miteinander, Naturempfinden, Phantasie als Mittel der Begeisterung, der Einfühlung, der Identifikation mit dem eigenen Wesen. Die Rückbesinnung auf die Kindheit, auf Mythen und Sagen, Wunderbares und Geheimnisvolles wird als Bereicherung der Gegenwart und Garant einer stabilen Ordnung inmitten äußerer Unordnung erlebt.

Joseph von Eichendorff

Mondnacht

Es war, als hätt der Himmel
Die Erde still geküßt,
Daß sie im Blütenschimmer
Von ihm nun träumen müßt.

Die Luft ging durch die Felder,
Die Ähren wogten sacht,
Es rauschten leis die Wälder,
So sternklar war die Nacht.

Und meine Seele spannte
Weit ihre Flügel aus,
Flog durch die stillen Lande,
Als flöge sie nach Haus.

Im Titel des Gedichts erscheint ein typisches Motiv der romantischen Dichtung: die Nacht. Sie ist besonders dazu geeignet, den Menschen in der Wahrnehmung seiner Welt zu charakterisieren. Ihre hervorstechendste Eigenschaft ist die Dunkelheit und die damit verbundene Veränderung des Sehens; sie regt die Phantasie an, in ihr regieren das Irrationale und die Einbildungskraft. Die veränderte Sinnesorientierung macht die Nacht zum Ort der Verwandlung, der Stille und der Besinnung. Die Nacht hat auf den Menschen auch eine befreiende Wirkung. Der Einzelne ist aus den Alltagszwängen befreit und erlebt die Umkehrung herkömmlicher Ord-

Motiv der Nacht

nungen; die Grenze zwischen dem Bewussten und dem Unbewussten zerfließt. Damit erschließt die Nacht ungeahnte, überhöhte Qualitäten des Seins. Sie wird zum Projektionsraum unerschöpflicher Phantasie. Im religiösen Bereich erlaubt sie darüber hinaus die seelische Vereinigung mit dem Göttlichen und vermittelt als Trost eine Ahnung von der ewigen Nacht, in der Sorgen und Ängste ein Ende finden. Sie wird als Raum begriffen, der von der göttlichen Sphäre durchdrungen ist.

Das Bild des Mondes taucht im Gedicht nur indirekt auf. Der Mond erschließt sich nur als „Schimmer", den der Mondschein über die nächtliche Natur legt.

Die drei kurzen Strophen des Gedichts sind im Volksliedton verfasst; ihre metrische Grundform ist der dreihebige Jambus. Diese wird an bedeutungsschweren Stellen rhythmisch durchbrochen. Die Reime wechseln zwischen weiblicher und männlicher Kadenz und sind in Form des Kreuzreimes angelegt. Tempus ist das Präteritum, so dass das Geschehen, an das sich das explizit erst in der dritten Strophe genannte lyrische Ich erinnert, in die Vergangenheit gelegt wird.

Möglichkeitsform des Gedichts

1. Strophe: Das Geschehen wird in der Möglichkeitsform (Konjunktiv) vorgestellt: „Es war, als hätt …" (Z. 1 f.). Der Kuss des Himmels verwandelt die Erde in etwas Überirdisches. Die Endlichkeit sinnlich-irdischen Lebens scheint durch die Sphäre des Transzendenten einerseits entwertet, andererseits aber auch in eine neue Qualität überführt. Die Verwandlung oder besser gesagt Verzauberung des Irdischen zeigt sich darin, dass die Erde fortan vom Himmel träumen muss, so als stünde sie unter dem langanhaltenden Eindruck einer sinnlichen Liebeserfahrung. Ihr neues Dasein findet im Bild vom „Blütenschimmer" (Z. 3) eine Entsprechung, in dem sich Schönheit, Fruchtbarkeit und die Innigkeit von Kuss und Umarmung wiederholen. Die Blüten zeigen ihr Leuchten als Widerschein der vom Mondglanz herrührenden Helligkeit.

Transformation der Natur

2. Strophe: Die sternklare Nacht wird in verschiedenen Naturerscheinungen erfasst. Das Streichen der Luft durch die Felder (Z. 5) bewirkt ein sachtes Wogen der Ähren (Z. 6). Der Lufthauch und das Ährenfeld werden mit Hilfe der Personifizierung als lebendig dargestellt, so als hätten sie von der göttlichen Berührung Leben erhalten.

„Luft" lässt sich im vorliegenden Kontext als Pneuma Gottes verstehen, als Lebensatem. Die sachte Bewegung lässt sich als Antwort auf den stillen Kuss deuten, der in der 1. Strophe die Vereinigung des göttlichen mit dem menschlichen Bereich symbolisiert. Ebenso ist das leise Rauschen der Wälder unmittelbare Folge der erotischen Vereinigung von Himmel und Erde. So wird erkennbar, dass das Gedicht nicht Natur als solche meint, sondern eine symbolische Landschaft konstruiert, die auf ein verborgenes Verständnis spiritueller Wirklichkeit verweist. An dem die Zeile 8 einleitenden Wort „So …", auf dem in lautlicher Hinsicht eine Betonung liegt, lässt sich die Begeisterung des lyrischen Ich über die verzauberten Naturerscheinungen ablesen. Wird es als die vorherigen Erscheinungen zusammenfassende Partikel in der Bedeutung von „Wie" gelesen, die die einzelnen Veränderungen der Natur noch einmal benennt, dann gibt es die Wirkung der Vereinigung von Himmel und Erde wieder, doch eine eindeutige semantische Festlegung lässt sich kaum erkennen, wie es für romantische Gedichte typisch ist.

3. Strophe: Indem die 3. Strophe mit einem aufzählenden Bindewort beginnt, macht der Sprecher deutlich, dass er an den Vorgang der Verzauberung direkt anschließen möchte. Das „Und …" erhält durch die exponierte Stellung am Anfang einer Strophe die über die bloße Aufzählung hinausgehende Bedeutung der gesteigerten Erwartung. Von den Naturerscheinungen berührt öffnen sich die Flügel der menschlichen Seele, so als wollte sich das lyrische Ich in den kosmischen Zusammenhang von Himmel und Erde stellen. Das Wort „Weit" (Z. 10) muss mit Betonung gelesen werden; der semantische Gehalt und der Nachdruck durch die lautliche Hervorhebung veranschaulichen die Weite als umfassendes Erlebnis. In der seelischen Bewegung des Fliegens durch „die stillen Lande" ist das vom göttlichen Funken erfüllte Wesen des Menschen zu erahnen. Mit diesem Bild greift Eichendorff auf abendländisch-christliches Gedankengut zurück. Es findet sich sowohl in der griechischen Antike als auch im späteren Christentum. Natur wird darin als vom göttlichen Geist durchwaltet erlebt. Die Seele, versinnbildlicht als geflügeltes Wesen, erlebt ihre Hinwendung zur spirituellen Welt. Bleibt die Beschrei-

Motiv der geflügelten Seele

bung des Fluges noch ganz und gar im Bereich der Naturbildlichkeit, so wird in der letzten Zeile mit dem „Nach-Hause-Fliegen" der Seele auf den Bereich des Jenseits verwiesen. Dass der Sprecher diesen Heimflug aber nur als Wunsch und Hoffnung meint, zeigt sich sprachlich in der grammatischen Form des Konjunktivs: „Als flöge sie nach Haus" (Z. 12).

Traumatmosphäre

Das gesamte Gedicht ist von einer Traumatmosphäre durchdrungen und als Ausdruck der Sehnsucht zu begreifen. Die „Als-ob"-Formel („Es war, als ...") belegt von der ersten Zeile an, dass die nächtliche Natur unter der Perspektive der himmlischen Gegenwart wahrgenommen wird. Es ist die Erfahrung des Unendlichen im Augenblick der Endlichkeit. Diese Sichtweise ist möglich, weil für den romantischen Dichter in der Natur selbst die Gegenwart des Göttlichen enthalten ist. Die geschaffene Natur (*natura naturata*) ist die Voraussetzung für die in ihr enthaltene schaffende Natur (*natura naturans*). Die Natur als Schöpfung lässt sich aber nur sinnbildlich erahnen, weshalb der Dichter das Bild vom Kuss, einer zärtlich-sanften Berührung zwischen Himmel und Erde, gewählt hat. Es ist der erfüllte Augenblick, der auf die Erscheinungen der Landschaft ausstrahlt und diese mit ihrem Glanz erhellt.

Die Aussage der letzten Zeile kehrt auf der inhaltlichen Ebene zur ersten Zeile zurück. Dieser Rahmen hat auch eine Bedeutung für den im Gedicht ausgesprochenen Wunsch: Die Vereinigung von Himmel und Erde nimmt – als Zukunftsmöglichkeit – die ersehnte Vereinigung von individueller Seele und überirdischer Heimat vorweg. Damit wird aber nicht die sinnliche Welt entwertet, sondern unter dem Blickwinkel des Universums verstanden. So wie in der Natur das Walten des Göttlichen zu beobachten ist (2. Strophe), so wird die Einheit von Mensch und Schöpfer ersehnt (3. Strophe). Mag auch in dem Wunsch des Sprechers nach Aufnahme ins Jenseits („Als flöge sie nach Haus") ein Moment der Resignation mitklingen (ausgedrückt im Konjunktiv), so ist die Rückkehr dennoch im Bild des Seelenflugs gedanklich vorweggenommen.

Sinnliche Welt unter dem Blickwinkel des Universums

Heinrich Heine (1797–1856) – Natur als Bild von der Natur

→ Kritik an romantischen Ausdrucksmitteln → Einheit von Leben und Dichtung → Karikatur der Gefühlslyrik → Naturbilder ohne Stimmungsgehalt → Unbeteiligte Natur	Wesentliche Merkmale

Heines Gedichte vor dem Hintergrund der Romantik

Die Dichter der Romantik greifen auf einen gedanklichen Hintergrund zurück, in dem Natur als Offenbarungsraum Gottes verstanden wird. Die Vorstellung von dem in den Naturerscheinungen vorfindlichen Willen Gottes, der Wachsen und Werden der Natur bestimmt und sich in ihrem geordneten Dasein offenbart, führt dazu, dass die naturlyrischen Aussageweisen bis in die Spätromantik hinein immer wieder die Transzendenz Gottes im Bild der Natur vergegenwärtigen. Poesie hat ihren Grund in der Naturanschauung, ihre Motive und Bilder sind Spiegelungen des Gemüts, ihre Sprache gleicht der Magie.

Lyrik im Vormärz

Heinrich Heine, ein Kind der Romantik, bedient sich der romantischen Mittel; er benutzt romantische Motive, reißt von diesen allerdings den Schleier der Illusion herab. Zusammen mit anderen Autoren dieser Epoche, insbesondere mit Ludwig Börne (1786–1837), grenzt er sich von den Parallelströmungen der Romantik und des Biedermeier deutlich ab. Die auch „Junges Deutschland" oder „Vormärz" genannte Epoche zeigt sich in drei Tendenzen: a) Sie politisiert die schriftstellerische Praxis; darin führt sie Ideale der deutschen Aufklärung fort; b) die Literatur orientiert sich an Zeit- und Gesellschaftskritik; c) die Autoren partizipieren an den progressiven, sozial orientierten philosophischen Strömungen der Zeit. Die Lyrik ist politisch und agitatorisch; sie soll nach Heine nicht mehr die „weiche Flöte", sondern „Posaune" und „Kanone" sein. In ihren Texten rufen die Dichter zu einem antifeudalen demokratischen Erneuerungsprozess auf. In diesem Sinne ist Dichtung engagierte Literatur und steht im Zeichen der auf dem Hambacher Fest (1832) ausgerufenen Ideen einer europäischen Solidarität und des Appells zu einem freiheitlichen deutschen Einheitsstaat. Aus der Sicht Heines sollen Leben und Schriftstellerei keine Gegensätze mehr sein, die Politik dürfe sich von der Wissenschaft, Kunst und Religion nicht mehr trennen. Dabei ist allerdings ein seltsames Doppelspiel zu beobachten, das der gesamten Lyrik Heines ihre spezifische Tiefgründigkeit verleiht: Zwar ist ihm das im romantischen Dichten aufbewahrte Naturerlebnis kein geeignetes Mittel mehr, die Wirklichkeit auszudrücken. Dennoch benutzt er in seinen Gedichten weiterhin Bilder und Motive aus der Natur. Diese haben dabei ihre Bedeutung verändert oder sie sogar verloren.

Heinrich Heine wird am 13. Dezember 1797 als Sohn einer jüdischen Kaufmannsfamilie in Düsseldorf geboren. Bei seinem Onkel Salomon Heine in Hamburg macht er eine Kaufmannslehre und lernt dort seine Cousine Amalie kennen, in die er sich verliebt. Die unerwiderte Zuneigung Heines ist Auslöser vieler seiner Liebesgedichte. Der Onkel finanziert ihm das Jura-Studium. Heine konvertiert 1825 zum Protestantismus, lebt nach längeren Reisen durch England und Italien ab 1831 in Paris als Journalist.

Das folgende Gedicht zeigt sowohl die Traditionsgebundenheit von Heines Bilderwelt als auch ihre spezifisch neue poetische Verwendung. Es stammt aus der ersten großen Gedichtsammlung Heines, dem *Buch der Lieder* (1827), dort aus dem Zyklus „Die Heimkehr“, und ist 1823 entstanden.

Heinrich Heine

Mein Herz, mein Herz ist traurig,
Doch lustig leuchtet der Mai;
Ich stehe, gelehnt an der Linde,
Hoch auf der alten Bastei.

Da drunten fließt der blaue
Stadtgraben in stiller Ruh;
Ein Knabe fährt im Kahne,
Und angelt und pfeift dazu.

Jenseits erheben sich freundlich
In winziger, bunter Gestalt,

Lusthäuser, und Gärten, und Menschen,
Und Ochsen, und Wiesen, und Wald.

Die Mägde bleichen Wäsche,
Und springen im Gras herum:
Das Mühlrad stäubt Diamanten,
Ich höre sein fernes Gesumm.

Am alten grauen Turme
Ein Schilderhäuschen steht;
Ein rotgeröckter Bursche
Dort auf und nieder geht.

Er spielt mit seiner Flinte,
Die funkelt im Sonnenrot,
Er präsentiert und schultert –
Ich wollt, er schösse mich tot.

Dissonanz zwischen Innen und Außen

Gleich in der ersten Zeile zeigt sich die verzweifelte Situation des lyrischen Ich. In der anaphorisch einleitenden Klage „Mein Herz, mein Herz ist traurig“ spricht sich Wehmut aus. Der Traurigkeit wird jedoch die leuchtende Natur entgegengesetzt: „Doch lustig leuchtet der Mai.“ Inneres Gemüt und äußere Umgebung befinden sich nicht im Einklang. Es scheint so, als würden Traurigkeit und das helle Leuchten des Frühlings sich gegenseitig verstärken. Wenn ein Gedicht dem Frühling gilt, dann greift der Verfasser – ob er will oder nicht – immer auf all die Vorstellungen zurück, die seit der Antike mit der Jahreszeit des Frühlings verbunden sind: Aufbruch, Freude, das Vorgefühl des Kommenden. Doch hier dominiert Traurigkeit das Frühlingsgefühl. Die gesamte Situation des lyrischen Sprechers wird auch im weiteren Verlauf von diesem ersten Eindruck bestimmt. An einem schönen Frühlingstag im Mai steht er hoch über der Stadt auf der Bastei und lenkt, an eine Linde gelehnt, seinen Blick auf den unter ihm liegenden Schauplatz. Die Aussageweise des Gedichts ist anschaulich-beschreibend, sie entspricht formal dem Volksliedton mit dessen Grundelement, der vierzeiligen, metrisch nicht festgelegten Strophe. In den 6 Strophen reimen sich jeweils die 2. und 4. Zeile.

Bild des Frühlings

Die Szenerie wird nicht von einem einheitlichen Gefühl beherrscht. Der Betrachter lenkt seine Aufmerksamkeit auf unterschiedliche Dinge, die vielfältige Assoziationen hervorrufen. Es ist die Welt „drunten" (Z. 5): eine harmonisch wirkende, „stille" (Z. 6), „freundliche" (Z. 9), aber auch „bunte" (Z. 10) Welt. Sein Blick schwenkt über einen zufrieden im Stadtgraben angelnden Knaben (Z. 7 f.), über Häuser, Menschen, Tiere und Landschaft (Z. 9–12), arbeitende Mägde, eine Mühle, deren „fernes Gesumm" er hört (Z. 13–16), bis hin zur Stadtmauer, an der ein Soldat an einem Schilderhäuschen Wache steht (Z. 17–20). Das lyrische Ich ist ausgeschlossen vom bunten Treiben der Welt. Seine melancholische Befindlichkeit führt am Ende des Gedichts zum Bild auswegloser Einsamkeit, die im Begehren endet, von dem Soldaten totgeschossen zu werden.

Herz als Ausdruck für Empfindsamkeit

Um die Empfindungen des Gemüts zum Ausdruck zu bringen, bedient sich Heine des im Sturm und Drang und in der Romantik wohl am häufigsten benutzten Wortes „Herz". Erinnert sei daran, dass das Zentralwort für die innerseelische Regung allein in Goethes Gedicht „Willkommen und Abschied" siebenmal Verwendung findet. In seinem Briefroman *Die Leiden des jungen Werthers* ist Herz der Ausdruck für die empfindsame Kultur schlechthin, für den Rückzug des Individuums auf sich selbst und das friedvolle Verhältnis zur natürlichen Umwelt. Indem Heine am Anfang seines Gedichts vom Herzen spricht, bezieht er sich damit auf diese vergangene Epoche, in der Herz, Gefühl und Natur eine Einheit bildeten, und beschwört gleichzeitig das mit diesem Wort verbundene Gefühl. Und doch zeigt gerade die Wiederholung ein gewisses Spiel mit diesem Symbol, so als könne der Dichter das darin vermittelte Gefühl nicht mehr ganz wahrnehmen und ernst meinen. Er spricht vom Herzen in überzeichneter Weise, in einer Art Nachfühlen der harmonischen Gemütslage vergangener Zeit. Umso stärker empfindet das lyrische Ich seine Traurigkeit. Auch in der zweiten Zeile begegnet der Leser in dem Wort „leuchten" einer Reminiszenz. Goethes Gedicht „Maifest" (vgl. S. 147) beginnt mit dem Jubelruf „Wie herrlich leuchtet / Mir die Natur". Natur wird als Segen empfunden; Lust und Liebe begeistern das lyrische Ich. Heine verbindet nun das frühlingshafte Leuchten mit dem Adverb „lustig", wodurch die Fügung zwar durch alliteratives „l" phonetisch zusammengebunden ist, doch wirkt ihre Bildkraft eher gewollt und bemüht statt aus der Anschauung empfunden. Das Wort „lustig“ ist zu simpel, zu verspielt, zu unernst. Damit hebt Heine das Gesagte wieder auf: Das Naturbild des leuchtenden Mai hat keinen Stimmungsgehalt mehr, es verflüchtigt sich ins Nichts.

Naturbild ohne Stimmungsgehalt

Die Bedeutung der ersten beiden Zeilen lässt sich also auf folgende Weise zusammenfassen: Um die traurig-wehmütige Grundstimmung des lyrischen Ich auszudrücken, verwendet der Dichter Bilder mit starkem Gefühlsakzent und verdeckter Ironie. Damit spricht er zwar die Erfahrung von Leid aus, versucht aber gleichzeitig, diese zu entschärfen.

Das Gedicht bietet im Bildbereich weitere Kontrastierungen. Die zweite Strophe vergegenwärtigt die betrachtete Landschaft. Ihre erste Zeile ruft – unterstützt durch den gleichmäßigen Rhythmus – zunächst ein Bild der Idylle hervor, den still daliegenden Stadtgraben. Die Wendung „in stiller Ruh“ entpuppt sich aber gerade durch den verdoppelten semantischen Gehalt („still“ und „Ruhe“) eher als konventionelle Floskel und büßt damit etwas von ihrer idyllischen Wirkung ein. Sie gibt keine echte Gefühlslage wieder. Dem Bild des im Kahn angelnden Knaben widerspricht das Pfeifen (Z. 8), das die Ruhe stört. Zudem entspricht das Wort „pfeifen“ nicht dem lyrischen Sprachgebrauch der Zeit.

Poetisches Bild als Floskel

In der 3. Strophe assoziiert das Verb „erheben“ (Z. 9) das semantische Feld von preisen, etwas Erhabenes vorstellen. Die damit kombinierten Objekte werden jedoch im Gegensatz dazu „In winziger, bunter Gestalt“ (Z. 10) gezeigt. Dem erwarteten Erhabenen werden die Bilder des Niedrigen zugeordnet, die „winzige“ Gestalt in formaler, „Lusthäuser“ (Z. 11) in inhaltlicher Hinsicht. Es ist das Stilmittel der Ironie, das die Erwartung des Lesers unterläuft.

Ironie als Enttäuschung der Leseerwartung

Bei den folgenden drei Wortpaaren sind „Lusthäuser und Gärten“ als Orte des bunten Treibens verknüpft. In Z. 11 und 12 werden „Wiesen und Wald“ durch Alliteration floskelhaft verbunden, so dass die ironische Paarung von „Menschen / Und Ochsen“ besonders hervorsticht. Der Zeilensprung bewirkt dabei eine gesteigerte Betonung. Der Kombination von Mensch und Arbeitstier folgt Lächerlichkeit und Spott.

Die 4. Strophe zeigt die Arbeitswelt der Mägde; das Bleichen der Wäsche ist anstrengende Lohnarbeit und will zum Herumspringen im Gras nicht recht passen. Das Bild vom Mühlrad verweist auf Eichendorffs Gedicht „Das zerbrochene Ringlein". Die darin beschriebene Situation des jungen Burschen, der sich an die verlorene Liebe erinnert und wegen Treuebruch der Geliebten sein Leid im Kriegsgeschehen vergessen möchte, verstärkt die Gemütsverfassung des lyrischen Ich in Heines Gedicht. Sein Todeswunsch leitet auf die beiden letzten Strophen über.

Poetische Erinnerung an ein Eichendorff-Gedicht

Todeswunsch des lyrischen Ich

Die Figur des jungen Soldaten am Schilderhäuschen ist bereits durch den Gegensatz zum lyrischen Subjekt exponiert; seine Bewegung des Auf- und Abgehens bildet zum stehenden Betrachter einen Kontrast. Dem Meditierenden ist der exerzierende Soldat gegenübergestellt, dem Einzelnen und Außenseiter das Sinnbild der Staatsräson. In dem, was der Soldat tut, zeigt sich jedoch eine gegenläufige Tendenz. Er „spielt" mit seiner Flinte, dem Mordinstrument, aber dessen geistesabwesende Handhabung wird durch die folgende Zeile in den Ernst der Situation miteinbezogen: Das dichterische Bild vom „Funkeln im Sonnenrot" (Z. 22) deutet auf den Todeswunsch voraus. Die Naturschönheit des Sonnenuntergangs wird mit dem Funkeln der Flinte verknüpft; zur Verstärkung der Aussage werden „Sonnenrot" und „tot" durch den Reim miteinander verbunden.

Natur ist keine Spiegelung des inneren Gemüts

Die Art der Verwendung der Naturbildlichkeit und ihre Kombination mit der schmerzvollen Situation des lyrischen Ich sind ein Zeichen dafür, wie wenig dessen Inneres in der Naturumgebung gespiegelt wird. Gerade die Diskrepanz zwischen Naturbild und Wirklichkeit verdeutlicht das Leiden des Subjekts an seinen Gefühlen. Die in den Naturbildern bewahrte Erinnerung an einen harmonischen Zustand vermag bei Heine nur noch das Leiden zu vergrößern.

Das poetische Stilmittel von Nennen und Ironisieren, von Suggestion des Gefühlswerts und dessen Demontage findet sich in zahlreichen Gedichten Heines, auch in „Wahrhaftig". Es schildert, welche Stimmung der Frühling mit sich bringt:

Heinrich Heine

Wahrhaftig

Wenn der Frühling kommt mit dem Sonnenschein,
Dann knospen und blühen die Blümlein auf;
Wenn der Mond beginnt seinen Strahlenlauf,
Dann schwimmen die Sternlein hinterdrein;
Wenn der Sänger zwei süße Äuglein sieht,
Dann quellen ihm Lieder aus tiefem Gemüt; –
Doch Lieder und Sterne und Blümelein,
Und Äuglein und Mondglanz und Sonnenschein,
Wie sehr das Zeug auch gefällt,
So machts doch noch lang keine Welt.

Naturbilder sind sinnentleert

Die genannten Bildmotive suggerieren zwar bekannte Naturerlebnisse, sind aber nicht dazu geeignet, die erlebte Wirklichkeit zu repräsentieren („So machts doch noch lang keine Welt"). Trotz aller Sehnsucht nach romantischen Idealen ist zu spüren, dass ihre Motive sinnentleert und nur noch konventionelle Floskeln sind. Der Frühling bewirkt im Sänger (= Dichter) triviale Vorstellungen, die kindlich-naiv aufgezählt werden. Die Aufzählung von sechs romantischen Bildmotiven, jeweils parallel angeordnet („Lieder" und „Äuglein" aus dem menschlichen Bereich; „Sterne" und „Mondglanz" aus dem Bereich der Nacht; „Blümelein" und „Sonnenschein" dem Tag zugeordnet), in Verbindung mit den verniedlichenden Endsilben zeigt überdeutlich, wie abgenutzt die Vokabeln sind, so dass sie der Dichter nur noch als „Zeug" empfinden kann. Heines Angriff gilt der romantischen „Gefühlsduselei" und einem für die politische und soziale Wirklichkeit unbrauchbar gewordenen Empfindungsausdruck. Sehnsucht und Desillusionierung bestimmen denn auch den typischen Stil von Heines kritischem Bewusstsein. Über Kunst und Literatur seiner Zeit schreibt er:

> „Die höchste Blüte des deutschen Geistes: Philosophie und Lied. Die Zeit ist vorbei, es gehörte dazu die idyllische Ruhe, Deutschland ist fortgerissen in die Bewegung – der Gedanke ist nicht mehr uneigennützig, in seine abstrakte Welt stürzt die rohe Tatsache – Der Dampfwagen der Eisenbahn gibt uns eine zittrige Gemütserschütterung, wobei kein Lied aufgehen kann, der Kohlendampf verscheucht die Sangesvögel, und der

Gasbeleuchtungsgestank verdirbt die duftige Mondnacht." (Heinrich Heine, *Sämtliche Schriften*, Bd. 11, München: Hanser, 1976, S. 649)

Dichtung soll Reflexion über die Wirklichkeit sein

Unbeteiligte Natur

Mit diesen Worten kritisiert Heine die Auffassung von der Dichtung als einem reinen Phantasieprodukt, das nichts mit der alltagspraktischen Wirklichkeit zu tun hat. An die Stelle von Gefühl möchte er die Reflexion setzen, die die Augen vor der Umwelt nicht verschließt. Heine lässt in seinem Gedicht „Fragen" einen verzweifelten jungen Mann am „wüsten, nächtlichen Meer" die Wogen fragen, ob diese ihm „die Rätsel des Lebens" beantworten können. Die geschilderte Situation ist typisch für die Haltung des Menschen gegenüber der Erhabenheit der Natur. In ihrer Dynamik und Größe, die den Menschen innerlich bewegt, sollte sie immer schon Antworten geben auf die Frage nach Herkunft und Bestimmung des Menschen. Doch die Natur gibt dem jungen Mann keine Antwort, sie ist kein personales Gegenüber mehr, wie die romantischen Vorstellungen es nahegelegt haben. Sie zeigt sich dem Fragenden gegenüber abweisend: „Es blinken die Sterne, gleichgültig und kalt, / Und ein Narr wartet auf Antwort" heißt es in den beiden Schlusszeilen des Gedichts (Heine, *Sämtliche Schriften*, Bd. 1, S. 208).

Besonders deutlich wird die kritische Haltung Heines im folgenden Gedicht aus dem Zyklus „Seraphine" in den *Neuen Gedichten*, das wahrscheinlich 1832 entstanden ist:

Heinrich Heine

Das Fräulein stand am Meere
Und seufzte lang und bang,
Es rührte sie so sehre
Der Sonnenuntergang.

Mein Fräulein! sein Sie munter,
Das ist ein altes Stück;
Hier vorne geht sie unter
Und kehrt von hinten zurück.

Entsprechend zu der Seele-Natur-Analogie, die in vielen Gedichten der Romantik zu finden ist, wird eine junge

Frau geschildert, die, am Meer stehend, beim Sonnenuntergang empfindsam seufzt, vom Naturschauspiel gerührt. Heine möchte wohl nicht die Ursprünglichkeit der Natur und ihren Einfluss auf das menschliche Empfinden grundsätzlich leugnen. Was aber ist anders in seinen Gedichten?

Unechte Gemütsregung

Das Seufzen des Fräuleins wird mit der banalen Formulierung „lang und bang" (Z. 2) als unechte Gemütsregung entlarvt. Im Sturm und Drang war die Zwiesprache mit der Natur als Rückbesinnung des Subjekts auf sich selbst inhaltlich bedeutsam. Bei Heines „Fräulein am Meere" bleibt von dieser Haltung nur ein Seufzen übrig. Das auf „Meere" reimende Steigerungsadverb „sehre" kennzeichnet die Rührung beim Sonnenuntergang als geradezu schräg. Das Gedicht vergegenwärtigt keine authentische Empfindung, sondern offenbar nur die falsche Idylle und die zur Gebärde erstarrte Stimmung einer bestimmten Art von Naturdichtung. Es ist so, als handelte es sich um ein sentimentales Ritual, dem das Fräulein nachempfindet. Entsprechend wird es von einem rationalen, im Tonfall etwas überheblich wirkenden Sprecher zurechtgewiesen. Er fordert das Fräulein auf, wachsam und aufmerksam („munter") zu sein gegenüber den Verlockungen der Naturbilder.

Lyrik entlarvt die falsche Naturstimmung

Poetischer Realismus (1850–1890) – Natur als Landschaftsraum

Autoren und epochenspezifische Zuordnung	➞ **Gottfried Keller:** – Kunst als gestaltete Wirklichkeitserfahrung – Sinngedicht als Konfliktbeherrschung ➞ **Theodor Storm:** – Sentimentalisches Erinnern – Das Gedicht als Naturlaut ➞ **Conrad Ferdinand Meyer:** – Symbolisierung sinnlicher Erfahrung – Reflexion statt subjektives Empfinden

Die Epoche des bürgerlichen Realismus in der zweiten Hälfte des 19. Jahrhunderts ist die Zeit des Romans und der Novelle. Stellvertretend seien so bedeutende Werke genannt wie Gottfried Kellers Bildungsroman *Der grüne Heinrich*, Adalbert Stifters *Der Nachsommer*, ebenfalls ein breit angelegtes Porträt der zeitgenössischen Bildungswelt, Gustav Freytags die Mitte des Jahrhunderts in all ihren moralischen Zwängen und ökonomischen Gefahren darstellender Roman *Soll und Haben* sowie gegen Ende des Jahrhunderts die Gesellschaftsromane von Theodor Fontane. Die Novellen dieser Epoche befassen sich zu einem großen Teil mit historischen Themen; zu ihren Autoren gehören Conrad Ferdinand Meyer und Theodor Storm.
Nach der gescheiterten Revolution von 1848 waren auch die Erwartungen des liberalen Bürgertums auf durchgreifende Änderungen der gesellschaftlichen Verhältnisse verstummt. Immerhin hat sich aber die Literatur an den Möglichkeiten der Wirklichkeit ausgerichtet, d. h. dass nun auch soziale Themen die literarische Praxis beherrschen. Die Lyrik spielt eher eine bescheidene Rolle in dieser Epoche, und ihre weitgehend thematisch beschränkte Sichtweise geht an den großen Themen der Politik vorbei.
Die poetischen Zeugnisse des Realismus führen z. T. den klassisch-romantischen Bestand weiter. Es handelt sich

jedoch meist um Stimmungslyrik, um Formen der bürgerlichen Geselligkeitskultur, ohne den provozierenden Affront des Vormärz erkennen zu lassen. Daneben behaupten sich wenige herausragende Gedichte, die einen Vorrat an Bildern und Themen bewahren, in denen Grundformen menschlichen Erlebens und menschlichen Zusammenlebens zum Ausdruck kommen. Sie sind damit nicht unbedingt gesellschaftsfern; ihre Autoren verstehen vielmehr die Natur als den Bereich, in dem sich die Erfahrungen unmittelbarer Empfindung, direkter menschlicher Nähe und zwischenmenschlicher Begegnung in einer Weise artikulieren, wie sie in der zunehmend industrialisierten Gesellschaft mehr und mehr zu entschwinden droht.

Lyrik bewahrt Menschlichkeit

Gottfried Keller

Sommernacht

Es wallt das Korn weit in die Runde
Und wie ein Meer dehnt es sich aus;
Doch liegt auf seinem stillen Grunde
Nicht Seegewürm, noch andrer Graus:
Da träumen Blumen nur von Kränzen
Und trinken der Gestirne Schein.
O goldnes Meer, dein friedlich Glänzen
Saugt meine Seele gierig ein!

In meiner Heimat grünen Talen,
Da herrscht ein alter schöner Brauch;
Wann hell die Sommersterne strahlen,
Der Glühwurm schimmert durch den Strauch:
Dann geht ein Flüstern und ein Winken,
Das sich dem Ährenfelde naht,
Da geht ein nächtlich Silberblinken
Von Sicheln durch die goldne Saat.

Das sind die Bursche, jung und wacker,
Die sammeln sich im Feld zu Hauf
Und suchen den gereiften Acker
Der Witwe oder Waise auf,
Die keines Vaters, keiner Brüder
Und keines Knechtes Hülfe weiß –
Ihr schneiden sie den Segen nieder,
Die reinste Lust ziert ihren Fleiß.

Schon sind die Garben fest gebunden
Und schön in einen Kranz gebracht;
Wie lieblich floh'n die stillen Stunden,
Es war ein Spiel in kühler Nacht!
Nun wird geschwärmt und hell gesungen
Im Garbenkreis, bis Morgenduft
Die nimmermüden, braunen Jungen
Zur eignen schweren Arbeit ruft.

Das vorliegende Gedicht Gottfried Kellers (1819–1890) ist 1846 entstanden und in der Sammlung *Neuere Gedichte 1854* veröffentlicht. Keller hat das Gedicht später überarbeitet und kleinere Änderungen vorgenommen.

Im Mittelpunkt des vom Naturbild der Sommernacht beherrschten Gedichts steht ein „alter schöner Brauch" (Z. 10). Er besteht darin, in nächtlicher Arbeit den Hilfsbedürftigen der Gemeinde (den Witwen und Waisen) das reif gewordene Getreide zu schneiden und es zu Garben zusammenzubinden. Die Arbeit wird von den jungen Burschen des Dorfes mit „reinste[r] Lust" (Z. 24) verrichtet. Es ist uneigennützige Nachbarschaftshilfe.

Brauch der Nachbarschaftshilfe

Die erste Strophe beschreibt den Ort des Geschehens, das im nächtlichen Wind wogende Kornfeld. Weite und Ausdehnung des Feldes werden durch den Vergleich in der zweiten Zeile besonders hervorgehoben. Der alternierende vierhebige Jambus wird rhythmisch mit der Betonung auf „weit" (Z. 1) unterbrochen, so dass das Metrum die Wellenbewegung des hin und her wogenden Kornes nachahmt. Dadurch entsteht auch lautlich das Bild des im Wind sich wiegenden Kornes „wie ein Meer" (Z. 2). Auf dessen Grund träumen Blumen „nur von Kränzen" (Z. 5) und trinken der „Gestirne Schein" (Z. 6). Die Ausdehnung des Meeres entspricht der Weite des gestirnten Himmels; zwischen Erde und All herrscht eine Harmonie, die sich im Bild von den personifizierten Blumen („trinken") eindrücklich versinnbildlicht. Der begeisterte Ausruf angesichts der bis in den Kosmos erweiterten Natur „O goldnes Meer" setzt den magischen Zusammenhang eines religiösen Bezugsrahmens voraus. Es ist die von Gott geordnete Schöpfung, die als Konnotation mitgemeint ist. Erst an dieser Stelle kommt das lyrische Ich ins Spiel: „meine Seele" (Z. 8). Die Seele als der Inbegriff der gottgegebenen Lebenskraft bezeichnet hier den Menschen im Allgemeinen.

Bildbereich Meer

Religiöser Bezugsrahmen

In den folgenden Strophen wendet sich Keller dem Brauch zu. Er wird eingeleitet mit der temporalen Bestimmung „Wann (= wenn) hell die Sommersterne strahlen, / Der Glühwurm schimmert durch den Strauch" (Z. 11 f.) und dem im Folgesatz angesprochenen Treiben der jungen Leute, die sich mit „Flüstern" und „Winken" und den Sicheln dem Kornfeld nähern. Die nächtliche Arbeit der in einen „Kranz" (Z. 26) gebrachten Garben endet mit hellem Gesang im „Garbenkreis" (Z. 30), zwei Bilder, die in variierter Form das Bild des Blumenkranzes aus der ersten Strophe wieder aufnehmen. Die Wiederholung bewirkt eine Geschlossenheit, die durch die Blumen am Anfang, den Kranz und Garbenkreis nach beendeter Arbeit am Schluss hergestellt wird.
Die Kunstfertigkeit des Gedichts zeigt sich in sprachlichen Wendungen, die durch ihre Wiederholung wie Leitmotive wirken. Es ist zum einen der Bereich der hellen Sommernacht, der sich im Strahlen der Sterne und Blinken der Sicheln, aber auch im Singen der Jungen zeigt: „Glänzen" (Z. 7), „ein nächtlich Silberblinken" (Z. 15), „hell gesungen" (Z. 29). Des Weiteren verbindet sich mit der Farbe „golden" sowohl die Saat des Kornfelds als auch der Bereich des Religiösen, wie er auch in der Beschreibung des Ernteertrags als „Segen" („Ihr schneiden sie den Segen nieder", Z. 23) zum Ausdruck kommt.

Arbeit als Thema

Die praktische Tätigkeit und die Naturanschauung werden als Einheit erlebt. Der Gesang der schwärmerischen Jungen, die auf die getane Arbeit zurückblicken, wird vom aufkommenden „Morgenduft" (Z. 30) beendet, der die freudig Feiernden zur Tagesarbeit ruft. Das in der späteren Fassung ersetzte Wort „Morgenduft" durch „Morgenluft" ist im Kontext der kühlen Nacht (vgl. Z. 28) realistischer; vorstellbar ist der Duft des frisch gebundenen Korns, den die Luft herbeiweht. Dieser das Gedicht schließende Ausblick auf den Arbeitsalltag verdeutlicht den Gegensatz zwischen der gemeinschaftlichen und selbstlosen Hilfe für Witwen und Waisen, wie sie das tradierte Brauchtum erfordert, und der Härte der täglichen Erwerbsarbeit.
Naturbereich und Arbeitswelt werden hier nicht nur in Beziehung gesetzt. Die Tatsache, dass die nächtliche Arbeit eine auf dem Gemeinsinn beruhende Arbeitshilfe für die sozial Schwachen darstellt und dass dieser in der

schweizerischen Demokratie verwurzelte Brauch nunmehr im Rahmen naturlyrischer Empfindung thematisiert wird, das ist die eigentliche naturpoetische Intention des Gedichts.

„Sommernacht“ unterscheidet sich hierin von der dekorativen Poesie und Konsumliteratur, wie sie das Lesepublikum des 19. Jahrhunderts etwa in der „Goldschnittpoesie“ eines Emanuel Geibel (1815–1884) vorfand. Dort wurde die Realität, die Welt der Arbeit und sozialen Einrichtungen oder Fragen der politischen Parteien, bewusst nicht zum Thema gemacht. Lyrik diente gerade dem bürgerlichen Lesepublikum allein dazu, der Aussprache von Gefühlen die entsprechenden Bilder und Motive bereitzustellen. Das vorliegende Gedicht bricht mit dieser Tradition insofern, als es die unpoetische Arbeitswelt ins Gedicht hereinnimmt. Wenn auch die geschilderte Arbeit mit einem gemeinsamen Fest endet, so ist doch nicht zu vergessen, für wen die freiwillige Leistung geschieht: für eine Witwe oder Waise, „Die keines Vaters, keiner Brüder / Und keines Knechtes Hülfe weiß“ (Z. 21 f.). Dabei wird die nächtliche Hilfsaktion jedoch nicht zu einem Erlebnis verklärt.

Die beginnende Industrialisierung bringt eine sinnentleerte Arbeit mit sich, die Karl Marx (1818–1883) zum Ausgangspunkt seiner Kritik an der kapitalistischen Ökonomie nimmt. Das Gedicht reagiert darauf mit dem idealen Gegenbild einer aus Fürsorge und Nächstenliebe verrichteten Arbeit, verschweigt aber nicht das reale Bild der äußerlich erzwungenen Lohntätigkeit.

Kritische Reflexion

Die politische Idee Gottfried Kellers vergegenwärtigt über das Mittel der Naturbildlichkeit einen Moment der kritischen Reflexion des bürgerlichen Bewusstseins. Das vorliegende Gedicht gehört weder der Geselligkeitslyrik an, wie sie seit 1820 im restaurativen Deutschland entstand, noch entspricht es den Lobgedichten auf die Vergangenheit. Indem es mit seiner Bildlichkeit das Nachdenken über die politische Gegenwart beim Lesepublikum anregt, steht es in praktischer Disharmonie zur zeitgenössischen Lesehaltung. Indem es an Ethik und Humanität appelliert, zwingt es zur politischen Reflexion. In seinen naturlyrischen Bildern hält es die Ideen der Freiheit und der Liebe fest.

Theodor Storm

Die Stadt

Am grauen Strand, am grauen Meer
Und seitab liegt die Stadt;
Der Nebel drückt die Dächer schwer,
Und durch die Stille braust das Meer
Eintönig um die Stadt.

Es rauscht kein Wald, es schlägt im Mai
Kein Vogel ohn Unterlaß;
Die Wandergans mit hartem Schrei
Nur fliegt in Herbstesnacht vorbei,
Am Strande weht das Gras.

Doch hängt mein ganzes Herz an dir,
Du graue Stadt am Meer;
Der Jugend Zauber für und für
Ruht lächelnd doch auf dir, auf dir,
Du graue Stadt am Meer.

Theodor Storms (1817–1888) Gedicht spricht auf den ersten Blick zwei völlig verschiedene Empfindungen an. Sie sind beide mit der Vorstellung von ein und derselben Stadt verbunden. Die ersten beiden Strophen beschreiben die Stadt, die dritte gibt die Einstellung des lyrischen Ich zu dieser Stadt wieder.
Die Bilder der ersten beiden Strophen rufen ein Gefühl der Unlust hervor, des Kalten und Eintönigen. In realistischer Manier wird nichts verschwiegen, was das Öde und Trostlose der abseits liegenden Stadt hervorhebt: der Nebel, der die Dächer drückt (Z. 3), das durch die Stille eintönig brausende Meer (Z. 4 f.), die Abwesenheit von Waldesrauschen und Vogelgesang (Z. 6 f.), der „harte" Schrei der Wandergans in der Herbstnacht (Z. 8 f.). Dieser Eindruck wird verstärkt durch die wiederholte Wahl der kalten Farbe Grau: Der „schwer" drückende Nebel – so darf der Leser vermuten – wird sich im Tageslauf nicht auflösen, sondern die Stadt ständig einhüllen. Aber auch die anderen Bilder haben etwas Bedrückendes. Die Stadt liegt „seitab" (Z. 2), so dass sich die Vorstellung von einem Ort einstellt, an dem das Leben vorbeigeht, an dem sich nichts verändert. Die Vorstellung des

Bedrückende Stimmung

Nicht-Veränderbaren prägt das gesamte Bild der Stadt, um die das Meer „durch die Stille eintönig" braust. Das Bedrückende des unwirtlichen Ortes verdichtet sich im Bild des Nebels, der schwer auf den Dächern lastet. Die Dächer stehen für die Wohnstätten der Menschen, und es ist kaum anzunehmen, dass die dort Lebenden sich wohlfühlen.

Die Naturbilder der 2. Strophe stammen aus einem Bildfeld, das aus naturlyrischen Aussageweisen der Tradition vertraut ist. Als Bildspender dienen Erscheinungen der belebten Natur und Jahreszeiten. Die Bildempfänger sind Lebensvorgänge im Rhythmus von Werden und Vergehen. Der rauschende Wald, der im Mai schlagende Vogel, der sein Nest baut, die im Herbst fliegende Wandergans sind Bilder für das im Zyklus der Jahreszeiten fortschreitende Leben. Diese Bilder werden aber im vorliegenden Gedicht auf die Stadt bezogen und verneint („Es rauscht kein Wald, es schlägt im Mai / Kein Vogel ohn Unterlaß", Z. 6 f.), so dass sich mit ihr der Eindruck von Lebensfeindlichkeit verbindet.

Eintönig-zeitlose Atmosphäre

Allein die Wandergans ist mit ihrem harten Schrei (Z. 8) zu hören, doch ihr Flug in wärmere, das Überwintern sichernde Gegenden lässt sie in der Stadt nicht anhalten, sondern an ihr vorbeifliegen (Z. 9), wodurch der Eindruck des Verlassenheit nochmals gesteigert wird. Wie ein nur mehr kümmerlicher Rest von Leben erscheint das am Strand wehende Gras (Z. 10), das die verschiedenen Jahres- und Lebenszeiten trotzig überdauert. Der streng alternierende Rhythmus mit drei- und vierhebigen Jamben, teilweise mit Auftakt, unterstützt diese Wirkung. Dreihebige Betonungen sind den zweifachen Reimen, vierhebige Betonungen den Dreifachreimen zugeordnet: *abaab / cdccd / feffe*.

Zu Beginn der 3. Strophe taucht unvermittelt das lyrische Ich auf („mein ganzes Herz", Z. 11), das die beschriebene Stadt mit der ihm eigenen Macht der Empfindung zur Heimat verwandelt. Die Stadt wird zu einem persönlichen Bezugspunkt, zum „Du". Allein fünfmal taucht die persönliche Anrede in dieser Strophe auf; einmal in der dreimaligen eindringlichen Wiederholung „auf dir, auf dir, / Du graue Stadt" (Z. 14 f.). Was zunächst als überraschender, unvermittelter Stimmungsumschwung erscheinen mag, nämlich dass jemand an diese graue,

Subjektive Beurteilung durch das lyrische Ich

eintönig-bedrückende Stadt sein „ganzes Herz" hängt, findet eine Erklärung darin, dass die Wahrnehmung der Stadt überlagert wird von den Erinnerungen des Betrachters an seine Jugendzeit. Diese lassen, vergleichbar dem zauberischen Akt magischen Denkens, in dem Traum und Wahrnehmung noch nicht voneinander getrennt sind, die Stadt als Heimat erscheinen. Auf ihr liegt der „Jugend Zauber für und für" (Z. 13).

Geheimnis der Identität

Die so nachdrücklich und gefühlvoll geäußerte Anhänglichkeit an die graue Stadt ist eine Empfindung, die vielleicht nur nachvollziehbar ist, wenn man die Jugend als die das ganze weitere Leben bestimmende Grunderfahrung versteht, als die Wurzeln des Ichs, die ein Mensch sein Leben lang in sich spürt. Nur so kann sie ihm zum „Zauber" werden, zum beglückenden Geheimnis einer innigen andauernden Verbundenheit, trotz der äußeren Unwirtlichkeit. Mit dem Stimmungsumschwung („Doch", Z. 11, wiederholt in Z. 14) sind die Aussagen der ersten beiden Strophen nicht zurückgenommen oder gar überwunden. Nichts von der drückenden, düsteren Last der Nebellandschaft ist weggenommen, es ist immer noch die „graue Stadt am Meer", der die empfindsame Rückbesinnung des lyrischen Ich gilt, doch zeigt sie nur die halbe Wahrheit, wenn nicht der Mensch sie als Ort des eigenen Lebens erfahren und begreifen kann.

Klanggestalt

Diese einheitliche Grundstimmung, die das lyrische Ich mit der Stadt verbindet, wird im Gedicht akustisch und optisch erschlossen. Auffällig sind die häufigen dunklen Vokalverbindungen (-au-, -a-). Die dadurch erzeugte Stabilität sorgt für eine Geschlossenheit, die dem gesamten Gedicht eigen ist und es mit einem stimmungsvollen „Grundton" zu unterlegen scheint, der sich gegen jegliche Veränderung sperrt und Kontinuität bewahrt. Er bringt etwas Festgefügt-Statisches zum Ausdruck.

Einzelne Wortakzente sind rhythmisch gegen das metrische Schema zu lesen, so dass die monotone und gleichmäßige Klanggestalt an einzelnen Stellen wie aufgestaut wirkt. Das Wort „seitab" (Z. 2) trägt auf der zweiten Silbe eine leichte Hebung; „eintönig" (Z. 5) hat Auftakt, so dass es anfangs betont werden muss. Die dadurch besonders hervorgehobene Bewertung dieser beiden Seiten der Stadt macht erkennbar, wie stark die Psyche des lyrischen Ich die Wahrnehmung überlagert.

Zauberformel der Erinnerung

Das lebensbeherrschende „Meer" und die „schwer" drückende Last der Dächer (verstärkt durch die Reimstellung) sind für den Betrachter vom Zauber der Jugend erfüllt. In der Wiederholung „für und für" (Z. 13) liegt eine „Zauberformel" verborgen, deren geheimnisvoll-beschwörender Gestus die gesamte Strophe, ja den Inhalt des gesamten Gedichts bestimmt. Sie führt das scheinbar Widersprüchliche der beiden Grundempfindungen zu einer einheitlichen Stimmung zusammen.
Storms Huldigung an seine Heimatstadt Husum erfährt in diesem Gedicht eine wehmütig-klangliche Gestalt, die auch der Sprechweise anderer heimatverbundener Landschaftsgedichte (wie etwa „Meeresstrand", „Abseits", „Über die Heide") eignet. In ihnen durchdringen Züge des Geheimnishaften und Gespenstischen die Beziehung zwischen Ich und norddeutscher Heide- und Küstenlandschaft. Eine Sympathie für Spuk und Aberglaube, wie sie das Volksbrauchtum überliefert, hat Storm bis in seine realistischen Novellen hinein literarisch verarbeitete (z. B. im *Schimmelreiter*). Doch ist seine Lyrik niemals verklärendes Ornament oder ein Beitrag zur geselligen Unterhaltung des Bürgertums. Der Realismus seiner Gedichte zeigt sich darin, dass in ihnen Grundformen menschlichen Daseins Ausdruck finden, Positionen der Ehrlichkeit und der Anhänglichkeit an die norddeutsche Heimat. Insofern beinhaltet das Gedicht eine Identitätsaussage des Dichters.

Conrad Ferdinand Meyer (1825–1898) entfernt sich in seinen Gedichten von der Tradition der spätromantischen Subjektivität. Sein Ziel ist die Darstellung klassischer Objektivität, die er sowohl in der Wahl seiner Gegenstände als auch in der Kunstfertigkeit der Gestaltung zu erreichen sucht.

Conrad Ferdinand Meyer

Der römische Brunnen

Aufsteigt der Strahl und fallend gießt
Er voll der Marmorschale Rund,
Die, sich verschleiernd, überfließt
In einer zweiten Schale Grund;
Die zweite gibt, sie wird zu reich,

Der dritten wallend ihre Flut,
Und jede nimmt und gibt zugleich
Und strömt und ruht.

Fließen des Wassers als Gegenstand des Gedichts

Nach dem ersten Lesen scheint der Gegenstand des Gedichts, wie es auch der Titel zum Ausdruck bringt, ein Brunnen zu sein. Offenbar ist er kunstvoll gefertigt, er besteht aus drei Schalen. Zugleich wird aber auch die Bewegung des Wasserstrahls zum Gegenstand des Gedichts, beginnend mit dem aufsteigenden Strahl oberhalb der ersten Schale, fortschreitend zum sich anschließend in die zweite Schale ergießenden Wasser, bis es auch diese ausgefüllt hat und sich, über den Rand fließend, in die letzte, dritte Schale ergießt und dort zur Ruhe kommt. In den letzten beiden Zeilen erfolgt eine Art Resümee, ein Rückblick auf das Wasserspiel des Brunnens, wie es die ersten sechs Zeilen beschreiben.

Beschreibung und ergänzende Lehre

Für den Aufbau des Gedichts bedeutet das eine Zweiteilung: Zum einen wird das Bild des sich verströmenden Wassers als eines Naturelements (Z. 1–6) beschrieben; zum anderen wird dieser Vorgang in den Zeilen 7 und 8 durch eine Lehre ergänzt, die das zuvor Beschriebene deutet.

Wie ist die Beziehung zwischen der Beschreibung und der Lehre zu verstehen? Werden alle Teile des beschreibenden Gedichtteils, also die Bilder und Motive, die Reime und der Rhythmus, in den belehrenden letzten beiden Zeilen des Gedichts gedeutet? So könnte die erste Zeile, die das Aufsteigen des Wasserstrahls bildkräftig schildert, zu der Vermutung führen, dass der Brunnen bis zu diesem Zeitpunkt stillgestanden und jetzt erst, mit der Ankunft eines Betrachters, zu sprudeln beginnt. Man könnte als Beobachter des Brunnens fragen, ob die zeitliche Ausdehnung vom fließenden Brunnen bis zur Füllung der letzten Schale gemeint ist. Kommt die fließende Bewegung des Wassers in der untersten Schale zur Ruhe, so dass die Zeitdauer vom Beginn des Wasserstrahls bis zur endgültigen Auffüllung der letzten Marmorschale gemeint ist? Oder handelt es sich um ein Kontinuum, eine sich immer wieder aufs Neue vollziehende Bewegung, damit deutlich wird, dass es hier um den Vorgang als solchen geht, um das ständige Fließen und Füllen, Strömen und Ruhen?

Fehlen des lyrischen Ich

Der römische Brunnen und das Auffüllen und Überfließen der einzelnen Schalen wird anschaulich beschrieben, ohne dass ein lyrisches Ich anwesend ist. Die beobachtend-empfindende Seite eines Subjekts scheint angesichts des Brunnenwasserspiels völlig ausgeblendet. Es geht nicht um die Erfahrungen eines Rom-Reisenden, der vom Anblick des Brunnens fasziniert ist. Es geht nicht darum, welche Eindrücke die beobachtende Person empfängt, nicht um das, was sie mit kunsthistorischer Kennerschaft an dem Brunnen entdeckt; ebenso geht es nicht um die Stimmung, in der sich eine Person gerade befindet. Stattdessen steht der von Bild zu Bild fortschreitende Vorgang im Mittelpunkt. Das lässt sich auch daran erkennen, dass im gesamten Gedicht das Element des Wassers nicht direkt genannt wird. Es geht also nur um die Bewegung als solche, die es vollzieht. Wie aber ist diese in ihrer Gegenständlichkeit beschrieben?

Jeder der drei Marmorschalen werden zwei Verse zugeordnet: Z. 1 f. für die erste Schale; Z. 3 f. für die zweite und Z. 5 f. für die dritte. Jede Schale empfängt das Wasser und gibt es weiter an die nächste. Dabei kommt die bildliche Vorstellung auf, dass auch die dritte Schale das Wasser erneut für den aufsteigenden Strahl oberhalb der ersten weitergibt und so ein Kreislauf entsteht. Die Schalen füllen sich mit Wasser, stauen es gleichsam auf und geben es schließlich, überfließend, an die nächste Schale weiter. Der Vorgang ist nicht einfach fortlaufend dynamisch, sondern enthält Verzögerung und Weitergabe, Ansteigen und Abfallen, Füllen und Überfließen.

Aktion und Reaktion

Diese Doppelbewegung erhält durch die Personifizierung den Charakter einer wesensmäßig selbstständigen Handlung, nämlich die Abfolge von Aktion (Aufsteigen, Gießen und Geben) und Reaktion (Fallen, Sich-Verschleiern, Reich-Werden).

Die paarweise Anordnung der Verse korrespondiert auf der formalen und inhaltlichen Ebene miteinander. Das Empfangen, Aufnehmen und Weitergeben des Wassers zeigt sich in klanglichen Entsprechungen. Das Empfangen des Wassers und das auf die Weitergabe hin orientierte Überfließen ist jeweils mit hellen Diphthongen und Vokalen gekoppelt: -ei- und –i- in der ersten Zeile; -ie-, -i-, -ei-, -ie- in der dritten Zeile; -ie-, -ei-, -i-, -iei-, -ei- in

Bedeutung der Vokale

der fünften Zeile. Die Aufnahme und die damit verbundene Abwärtsbewegung des Wassers zeigt sich in dunklen Vokalen: -o-, -a-, -u- in der zweiten Zeile; -a- und –u- in der vierten und in der sechsten Zeile. Zusätzlich werden helle und dunkle Vokale miteinander vermischt. Angefangen in der ersten Zeile mit der Kombination von -au- und -ei- in einem Wort; anschließend in den sinnbetonten Wörtern „Strahl" und „fallen" zwei dunkle Vokale bis hin zum -ie- am Zeilenende; weiterhin im Nacheinander von -i-, -ei-, -a- und -u- in der vierten Zeile, wieder ganz und gar vermischt in der sechsten Zeile.

Reim und Enjambement

Die Bewegung von Fließen und Auffangen spiegelt sich sowohl in der Reimanordnung als auch in der Zeilenstruktur wider. Der Kreuzreim (*ababcfcf*) in der Verbindung mit dem Zeilenenjambement versinnbildlicht das unaufhaltsame Fließen des Wassers und die Weitergabe von einer Schale an die nächste. Dass es sich dabei um einen einzigen, sich wiederholenden und immer wieder erneuernden Vorgang handelt, zeigt sich auch auf der syntaktischen Ebene: Das Gedicht besteht aus einem einzigen Satz.

In rhythmischer Hinsicht wird die Gleichförmigkeit und Ruhe desselben immer wiederkehrenden Vorgangs betont. Die Zeilengrenzen unterbrechen nicht das alternierende Versmaß des Jambus. Die einzige deutliche Ausnahme vom gleichmäßigen Rhythmus bildet der Auftakt gleich zu Beginn des Gedichts. Durch die ungewöhnliche syntaktische Umstellung von Subjekt und Prädikat wird die Aufmerksamkeit des Lesers von Anfang an auf das Hinaufschießen der Fontäne gerichtet. Zudem fällt auch die volle Betonung auf die erste Silbe, so dass das Bild vom aufsteigenden Strahl metrisch und phonetisch zugleich vergegenwärtigt wird. Das Zusammentreffen zweier Betonungen (Auftakt und metrisch korrekt vom Jambus) entspricht dabei der besonderen Bedeutung des Bildes.

Auftakt und Inversion

Bedeutung der Konsonanten

Auf der phonetischen Ebene verstärken die konsonantischen Anlaute den Inhalt: -st- in „Aufsteigt" und -st- in „Strahl" verbinden den optischen mit dem akustischen Eindruck des Wasserstrahls. Eine ähnliche Vermischung von Sinneseindrücken (Synästhesie) lässt sich in Z. 3 beobachten. Die sich mit Wasser füllende Schale bewirkt, dass die Konturen des Marmors beim Hineinfließen für einen Augenblick verschwimmen. Dieser Moment ist im Partizip Präsens „sich verschleiernd" festgehalten. Das Charakteristische an diesem Vorgang ist die fast nebelhafte Auflösung des Klaren; sie zeigt sich sowohl im Verwischen der Silbenkonturen im ch- und sch-Laut als auch in der den Eindruck verstärkenden Wiederholung der er-Silbe in „ver-schlei-ernd". Hier zeigt sich auch ein leichter rhythmischer Stau, bei dem sich das Bild vom sprühenden Nebel des Wassers einstellt.

Binnenreim

Phonetisch aufschlussreich ist der Binnenreim von „fallend" (Z. 1) und „wallend" (Z. 6); es handelt sich um eine Assonanz. Das Reimpaar ist deshalb so signifikant, weil es die einzige reimende Fügung im inneren Bereich des Gedichts ist. Mit beiden Wörtern ist die Abwärtsbewegung des Wasserstrahls gemeint; im Wort „wallend" schwingen zusätzlich noch Konnotationen wie „wechselnd steigend-fallende Bewegung", „dahinfließend" und „zusammenballend" mit. In der Kombination mit „Flut" wird die Vorstellung einer mächtig anschwellenden Wellenbewegung assoziiert. Beide Reimwörter verbinden die erste Zeile mit der sechsten, inhaltlich den Anfang mit dem Ende, Geben und Nehmen, Aktion und Reaktion.

Die Zeilen 7 und 8 bilden die aus der Beschreibung der Szenerie folgende Interpretation der Zeilen 1–6, eine Art Lehre. Zunächst wird die Gleichzeitigkeit von Nehmen und Geben angesprochen: „Und jede nimmt und gibt zugleich" (Z. 7). Der Rückbezug zu den drei Marmorschalen ist damit überdeutlich. Ergänzt wird das Empfangen und Weitergeben durch die Bilder vom Strömen und Ruhen, die als gleichzeitig vorhandene Eigenschaften widersprüchlich wirken. Durch die mehrfache Wiederholung von „und" wird allerdings eine intensive Äquivalenz hergestellt; die Klangwiederholung der Konjunktion stellt die miteinander verbundenen Elemente in eine immerwährende gleichzeitig stattfindende Bewegung. Ursache und Wirkung spielen dabei keine Rolle mehr.

Das paradoxe Ineinander von Bewegung und Ruhe

Mit Ruhe sind dabei freilich nicht das endgültige Zur-Ruhe-Kommen und die zeitliche Beendigung des Strömens gemeint. Dieser Deutung würde auch die durch den Reim betonte Verklammerung von „ruht" mit „Flut" widersprechen. Vielmehr offenbart sich in diesem Bild das paradoxe Ineinander von Bewegung und Innehalten, von Fließen und Stauung in einem harmonischen Gleichgewicht.

Symbolgehalt

Im Verlauf des Gedichts hat sich für den Leser eine Bewegung vollzogen, die von der Wahrnehmung der sinnlichen Bilder vom aufsteigenden und fallenden Wasserstrahl hinübergleitet zum Motiv des Wassers als eines Naturelements bis hin zum Symbol der abstrakten Idee von Geben und Nehmen. Wie sehr am Schluss des Gedichts der ideelle Charakter des Symbols (als ein Zeichen, das etwas nicht Anschauliches vergegenwärtigt) in den Vordergrund rückt, lässt sich daran ablesen, dass der Gegenstand des Brunnens im Grunde keine Rolle mehr spielt und dass es kaum auffällt, dass die letzte Zeile kein grammatisches Subjekt besitzt; der Bezug auf „jede“ Schale wäre unsinnig. In einer früheren Fassung des Gedichts heißt es am Schluss: „Und alles strömt und alles ruht.“ Durch die Auslassung des zweimaligen „alles“ erhalten die vier Silben der Schlusszeile in der vorliegenden Gedichtfassung eine gleichmäßige Betonung. Nach „strömt“ ist eine deutliche Pause zu machen, um auch auf der lautlichen Ebene die Verzögerung der Bewegung hin zur Ruhe zu unterstützen. Der Wegfall von „alles“ bewirkt, dass nur noch der Vorgang als solcher wahrgenommen wird.

Wie wichtig Meyer diese „Entdinglichung“ seines Gedichts war, lässt sich auch am Titel ablesen. Hier hilft wieder der Vergleich mit einer früheren Fassung. In der vierten Fassung heißt es in der ersten Zeile: „In einem römischen Garten“. Die genaue Ortsangabe wird in der Endfassung weggelassen, weil sie den Brunnen in seiner konkreten Form als sinnliche Wahrnehmung eines Subjekts betont hätte. Es ist bekannt, dass Conrad Ferdinand Meyer während seiner Romreise den Park der Villa Borghese besucht hat. Vermutlich hat er dort einen Brunnen gesehen, der ihm als Inspirationsquelle für sein Gedicht diente. Dieser biographisch-geographische Kontext spielt jedoch für den Sinn des Gedichts keine Rolle. Das Wort „römisch“ wandert in der endgültigen Fassung in den Titel, wo es eine verallgemeinernde Bedeutung erhält. Ähnlich wie in Goethes Gedichtzyklus „Römische Elegien“ verweist es nun nicht mehr auf die konkrete Erfahrung eines sich erinnernden Subjekts, sondern stellt allein das Kunstgebilde in den Mittel-

Prozess der Entkonkretisierung

Kunst als Gegensatz zur Vergänglichkeit

punkt der Betrachtung. Der subjektive Standpunkt (mit Erinnerung und Empfindung, mit Vergänglichkeit und Unsicherheit in der Wahrnehmung) ist aufgegeben. An seine Stelle tritt ein hoher Grad von Reflektiertheit, mit dem Meyer seinem Ziel einer klassischen Objektivität näher kommen will. Diese soll gewährleisten, dass die Kunstwerke alle Vergänglichkeit überdauern und dass im Voranschreiten der Zeit etwas von Dauer existiert.

In der dichterischen Gestaltung Meyers werden Ansätze zu einer abstrakten Poesie sichtbar, in der nicht objektgebundene Bewegungen als solche, auf- und absteigende Linien sowie formale Entsprechungen zum Gegenstand werden. Damit weist seine Dichtung auf die Epoche des Symbolismus voraus.

Jahrhundertwende – Natur als Verwandlungsraum

- Neue Wahrnehmungsweisen
- Die Dinge fühlbar machen
- Ästhetische Komplizierung der Form
- Verfremdung der Dinge
- Dichter als Kamera: der Wahrnehmungsprozess als Ziel
- Suche nach einer neuen Sprache

Epochenspezifische Merkmale

Zweite industrielle Revolution

Die Epoche der Jahrhundertwende begegnet ihren Zeitgenossen mit seltsamer Doppelgesichtigkeit: Bedeutsame technische Fortschritte führen zu wirtschaftlicher und politischer Expansion und rufen einen Optimismus hervor, der in der Überzeugung gipfelt, dass alles machbar und beherrschbar sei. Die Haltung verdankt sich der zweiten industriellen Revolution, der Entwicklungen im Bereich der Elektrotechnik, die das Leben der Menschen vor allem in den Großstädten auf nachhaltige Weise beeinflusst. Elektrisches Licht, Straßenbeleuchtungen, Telegraph, Telefon, Elektromotoren und mit ihnen die Massenverkehrsmittel revolutionieren den Verkehr und sorgen für eine Beschleunigung der Lebenswelt. Im Zentrum steht die Mobilität des Menschen. Das Verhältnis von Raum und Zeit ändert sich. Die Urbanisierung und die Beschleunigung der Kommunikation bewirken eine veränderte Einstellung zum Konsum: Über optische Attraktionen wie Reklame, Schaufenster und Warenhäuser verändern sich Bewertung und Bedeutung von Kleidung und Alltagsutensilien. Geschmacksfragen werden diskutiert und dienen der persönlichen Selbstdarstellung und der gesellschaftlichen Abgrenzung. Es ist der Beginn der öffentlichen Inszenierung.

Folgen der Urbanisierung

Unübersehbar sind jedoch auch die Schattenseiten von Urbanisierung und Machbarkeitsdenken: Verstädterung, Vermassung und Verelendung des Industrieproletariats. Kehrseite der Massengesellschaft ist die Vereinsamung; der Einzelne in seiner Individualität droht hinter einem gesichtslosen Massen-Kollektiv zu verschwinden. Kulturell-geistig-religiöse Traditionen verlieren ihre sinngebende Funktion; Konventionen und Moralvorstellungen werden in Frage gestellt und als ungeeignet für die Herausforderungen der neuen Zeit deklariert. Es entsteht ein Spektrum unverbindlicher Weltanschauungen. Haltlosigkeit in den sozialen Beziehungen, Kollektivierungsangst und Atomisierung bestimmen auch das Bild des Menschen in der Literatur der Jahrhundertwende. In ihr sprechen sich Wehmütigkeit und eine Endzeitstimmung aus, die in Ausdrucksformen der Innerlichkeit und Esoterik münden. Die so empfundene Gegenwart löst bei den Dichtern ambivalente Äußerungen aus: Traditionsverlust und Zukunftslosigkeit liegen eng beieinander; die gegenwärtige Wirklichkeit wird als fremd empfunden. Die unablässige Reizüberflutung mit ständig wechselnden Eindrücken wird einerseits als sinnliche Belastung erlebt, so dass Nervosität und Depression entstehen. Andererseits führen die vielfältigen Reize zu einer gesteigerten Empfindsamkeit und Überfeinerung im gesamten kulturellen Leben. Es kommt zu Pluralität in den Anschauungen, zu Offenheit und Experimenten, zu neuen Stilrichtungen und zu neuen Formen der Wahrnehmung.

Dichtung als „Schauen"

So steht im Zentrum der dichterischen Bemühungen Rainer Maria Rilkes (1875–1926) das „Schauen“: Der Wahrnehmungsprozess als solcher wird zum Gegenstand der Dichtung. In den Gedichten reihen sich ganze Wahrnehmungsakte aneinander; ihre sprachlichen Bilder bestehen aus Objekten des Alltags, die detailliert, scharf und ästhetisch äußerst stilisiert abgelichtet werden. Das Bewusstsein des Dichters wird mit einer Fotoplatte verglichen, die die Dinge der Wirklichkeit mit technischer Präzision und ohne Zutun subjektiver Empfindungen aufzeichnet. Die neuen Sichtweisen sind in der Malerei, der Literatur, der Fotographie und im Bereich der „lebenden Bilder“, dem Kino, zu erkennen. Oftmals entstammen sie einer überreizten Nervosität oder auch einer Art mystischer Kontemplation. An beliebigen Objekten, einer Blume oder dem Karussell in

Gesteigerte Wahrnehmung

einem Stadtpark etwa, aber auch an einer vorübergehenden Person entzünden sich plötzlich Erlebnisse gesteigerter Wahrnehmung, vergleichbar einer in besonderen Augenblicken erfahrenen Eingebung. Die darin zum Ausdruck kommende Kunstanschauung versteht das Werk nicht als Darstellung von etwas, sondern als Darstellung von sich selbst. Diese selbstreflexive Art des Dichtens nennt man „l'art pour l'art" („Kunst um der Kunst willen"). Es liegt auf der Hand, dass mit der Auffassung vom neuen Sehen auch die Sprache eine neue Bedeutung erhält.

Bedeutungsspielraum der Sprache

„Chandos-Brief" als Beispiel extremer Sprachreflexion

Mit Hugo von Hofmannsthals (1874–1929) *Ein Brief* (1902), dem „Chandos-Brief", liegt das für die moderne Dichtung maßgebliche Dokument einer Sprachreflexion vor, die von einem paradoxen Sachverhalt ausgeht: Der fiktive Briefschreiber Philipp Lord Chandos schildert seine Skepsis gegenüber der Sprache, seine Unfähigkeit, mit Wörtern umzugehen, und sein daraus resultierendes Unvermögen, sich sprachlich zu äußern. Diese Zweifel haben wesentliche Konsequenzen für das dichterische Selbstverständnis und die dichterische Sprache der folgenden literarischen Epochen. Es geht darum, das Ausdruckspotenzial der Sprache grundsätzlich daraufhin zu befragen, inwieweit wir mit Hilfe der Sprache uns selbst und unsere Beziehung zur Welt und zu anderen Menschen erfahren können. Die Wörter sind nicht auf ihren wortwörtlichen, statisch festgelegten Bereich einzugrenzen, sondern müssen in ihrer Vieldeutigkeit und mit all ihren Konnotationen verstanden werden. Die Mehrdeutigkeit der Sprache ermöglicht einen größeren Bedeutungsspielraum, wodurch eine Intensivierung der poetischen Sprache zu erzielen ist. Das führt bei den Symbolisten zur Verwendung geheimnisvoller, rätselhafter Bilder und Gleichnisse. Hofmannsthal nennt solche Bilder „Chiffren". Diese lassen sich nicht in die konventionelle Sprache übersetzen. Deshalb wirken sie oftmals wie Zauberformeln, genauso magisch, flüchtig und traumhaft, genauso undurchschaubar und fremd.

Stefan George

Komm in den totgesagten park und schau:
Der schimmer ferner lächelnder gestade ·
Der reinen wolken unverhofftes blau
Erhellt die weiher und die bunten pfade.

Dort nimm das tiefe gelb · das weiche grau
Von birken und von buchs · der wind ist lau ·
Die späten rosen welkten noch nicht ganz ·
Erlese küsse sie und flicht den kranz ·

Vergiss auch diese lezten astern nicht ·
Den purpur um die ranken wilder reben ·
Und auch was übrig blieb von grünem leben
Verwinde leicht im herbstlichen gesicht.

Eigenwillige Typographie

Stefan George (1868–1933) hat für die äußere Form seiner Gedichte eine eigenwillige Darstellung gewählt. Die Typographie, die Georges Handschrift folgt, wirkt befremdlich und artifiziell; bis auf die Satz- und Zeilenanfänge werden alle Wörter kleingeschrieben, die Interpunktion ist sporadisch, weitgehend jedoch extrem reduziert. Stellenweise finden sich an den Zeilenenden oder innerhalb der Zeilen mittenstehende Punkte, die eher einer Sprechpause als der syntaktischen Ordnung dienen. Diese besonderen Merkmale betonen die Künstlichkeit des Gedichts.

Abkehr von jeglicher Nachahmung

Damit wird von Anfang an der antinaturalistische Charakter der Dichtung deutlich. Sie soll keine Naturnachahmung sein, sondern eine eigene Symbolwelt schaffen, die reiner Ausdruck des Geistes ist. Damit der Leser erst gar nicht auf den Gedanken kommt, in der Dichtung nach Anzeichen der Wirklichkeit zu suchen, stellt George in der Vorrede seiner Gedichtsammlung eine Mahnung auf, die es verbietet, nach bestimmten Personen und Orten zu suchen, um damit ein tieferes Verständnis des Gedichts zu erhalten. Er schreibt: „möge man doch [...] bei einer dichtung vermeiden sich unweise an das menschliche oder landschaftliche urbild zu kehren: es hat durch die kunst solche umformung erfahren dass es dem schöpfer selber unbedeutend wurde“ (Stefan George, „Vorrede der zweiten Ausgabe“, in: *Das Jahr der Seele*, Düsseldorf/München: Helmut Küpper vormals Georg Bondi, 1964, S. 7).

Das Gedicht als Bild- und Wortraum

Diese Mahnung an den Leser begegnet indirekt auch in der ersten Zeile des vorliegenden Gedichts. Mit der Einladung „Komm in den totgesagten park“ wird er herausgefordert, dem Sprecher zu folgen und sich mit ihm auf den Weg in den Park zu machen. Die anschließende Aufforderung zum Schauen lässt den Leser Distanz zu den folgenden Bildern und Vorgängen gewinnen, die im Gedicht beschrieben werden. Er soll sich nicht einer Stimmung hingeben und auch nicht in ein Gefühl versenken. Die angemessene Rezeptionshaltung ist die des reflektierten und distanzierten Betrachters. Dazu passt es, dass der Leser einen Bildraum betritt, der anderen Menschen verschlossen ist. Es ist eine Landschaft, die lediglich dem aufnehmenden Blick geöffnet ist; eine Identifikation mit Figuren oder mit einer Handlung ist nicht möglich. Die Rolle des lyrischen Ich ähnelt der Haltung des Wegweisenden, der den Leser zum genauen Schauen einlädt, aber auch anleitet.

Abkehr von Stimmung und Gefühl

Lässt sich der Leser darauf ein, betritt er einen Bezirk, der als „totgesagt" charakterisiert wird. Es mag ein Hinweis auf die herbstliche Jahreszeit sein, in der die entlaubten Bäume und kahlen Äste ihre Anmut verloren haben. „Totgesagt" kann der Park aber nur für diejenigen sein, die nicht in der Lage sind, in ihm etwas Wesentliches zu schauen. Folgt also der Leser dem lyrischen Ich, dann identifiziert er sich zugleich mit dessen Kritik an denjenigen, die im Park nichts Bedeutsames mehr zu erkennen vermögen. Der Doppelpunkt in Z. 1 ist also nicht nur Öffnung hin zu etwas Neuem, sondern auch die Grenze zu einem abgeschlossenen, eingezirkelten Terrain. Dieses steht nur den Eingeweihten offen. Die 2. Zeile fügt unmittelbar ohne syntaktische Anbindung (als Objektergänzung zum Verb schauen müsste es „den Schimmer" heißen) das Bild von einem fernen Ufer („gestade") hinzu, dessen Schimmer als lächelnd wahrgenommen wird. Das fremdartige Bild wirkt allein durch den Klang und die harmonischen Endungen auf -er, die die Einzelwörter miteinander verbinden. In der rätselhaften Bildlichkeit ist es allein ein Zeichen für das Fremde des Parks. Die anschließenden Bilder sind nachvollziehbar: Dem zum Schauen Berechtigten öffnet sich eine Landschaft mit „weiher" und „bunten pfaden" (Z. 4), die vom Blau reiner Wolken erhellt werden (Z. 3).

Der Leser als Eingeweihter

Die zweite Strophe beginnt wiederum mit einem Appell: „Dort nimm das tiefe gelb" (Z. 5). Die Aufforderung, an der Naturerscheinung des herbstzeitlichen Verfalls teilzunehmen, wird mit dem Aufnehmen der Farben

Farbwahrnehmung als Thema

gleichgesetzt. Aufgefordert wird zu einer aktiven Einstellung, nämlich die Farben von Birken und von Buchs in ihrem Eigenwert wahrzunehmen. Das Bild von den späten Rosen, die trotz des Herbstes noch nicht völlig verwelkt sind, weist auf das in ihnen Lebendige hin, das selbst noch im Herbst dem Verfall Widerstand bietet. Sie zu sammeln, zu küssen und aus ihnen den Kranz zu flechten („Erlese küsse sie und flicht den kranz“, Z. 8), macht das Besondere der intensiven Beziehung des Schauenden zur Parklandschaft aus. In dieser Naturbeziehung erhält gleichsam wie in einem Schöpfungsakt parallel zur Natur das in der Natur Vergängliche im Gedicht Unvergänglichkeit.

Die dritte Strophe setzt die Farbakzente fort, indem der Betrachtende die purpurne Farbe des wilden Weins („um die ranken wilder reben“, Z. 10), nicht die Ranken oder Blätter selbst, aufnehmen soll. Das, was noch vom „grünen leben“ übrig ist, soll „im herbstlichen gesicht“ (Z. 12) verwunden werden. Mit dem Bedeutungsgehalt des Verbs ‚verwinden‘ wird auf die trostreiche Überwindung von Schmerz und Trauer angespielt, die oftmals mit dem Herbst als der Jahreszeit des Verfalls und des Verlustes verbunden ist.

Das Gedicht als „Er-Lesenes“

Nicht nur die Mahnung des Dichters, nach keinen authentischen Orten zu suchen, sondern auch die Fremdartigkeit der Motive und Bilder machen deutlich, dass hier kein real existierendes Parkgelände durchschritten wird. Man hat eher den Eindruck, dass während des Lesens die wahrgenommenen Bilder sich aus sich selbst heraus aufbauen und zu einer Gesamtszenerie formen. Der Prozess des Erlesens wird durch das in der 8. Zeile verwendete Wort „Erlese“ mit seinem Doppelsinn von ‚auswählen‘ und ‚sich durch Lesen aneignen‘ nahegelegt; insofern handelt das Gedicht davon, dass die Szenerie des Parks sich erst beim Erlesen erschließt und dass der Gesamteindruck der Parklandschaft das Ergebnis der Lektüre ist. Sie ist ausschließlich im Gedicht vorhanden; sie ist das Gedicht selbst. Das mit „Gedicht“ lautmalerisch assoziierte Wort „gesicht“ der letzten Zeile legt diesen Schluss nahe. Daraus folgt, dass es das Kunstwerk selbst ist, in dem sich das dem Verfall preisgegebene Leben darstellen und erhalten lässt.

Das Gedicht als Symbol

Insofern ist das Gedicht ein Symbol, ein Erkennungszeichen, welches

durch anschauliche Mittel etwas vergegenwärtigt, das nicht bereits vorher veranschaulicht worden ist.
Entsprechend ist das Gedicht als künstliches Paradies zu verstehen, das der Leser im Lektüreprozess selbst herstellt. Seine hohe Kunstfertigkeit zeigt sich in der Klangfülle, in der echohaften Verstärkung im Reim („das weiche grau" – „der wind ist lau"), in der variablen Reimstruktur (1. Strophe: Kreuzreim, 2. Strophe: zwei Paarreime, 3. Strophe: umschließender Reim) und den über die Zeilenenden hinausgehenden Satzeinheiten. Darüber hinaus werden die einzelnen Zeilen von einem Rhythmus getragen, der keine starke Hebungen und Senkungen hat, sondern durch eine aufstauende Bewegung die Einzelbilder gleichmäßig hervorhebt.
Die in sich geschlossene Kunstwelt des Gedichts schirmt den Dichter und den Leser vom alltäglichen Getriebe der Welt ab. Es handelt sich um eine Dichtung, die als Kunst um der Kunst willen existiert.

Der Dichter Rainer Maria Rilke (1875–1926) empfindet die Wirklichkeit als unmittelbare, bedrohliche Existenzerfahrung, die er dichterisch verarbeitet, indem er das, was hinter dem allgemein Erfahrbaren liegt, aufzudecken sucht. Es ist die Einübung in eine völlig neue Sprach- und Lebensweise, die Suche nach einer Wirklichkeit, die mit der Abkehr von überkommenen Sprach- und Denkmustern einhergeht. Die aus der Alltagswelt vertrauten Bedeutungsordnungen gilt es zu umgehen und dadurch zu verfremden. Die neue Rezeptionshaltung, die Rilke bewusst einzuüben sucht, findet ihren epischen Ausdruck in dem die Jahrhundertwende auf exemplarische Weise darstellenden Roman *Die Aufzeichnungen des Malte Laurids Brigge* (1910). Die Titelfigur kommt nach Paris, „um sehen zu lernen", das heißt, um sich den Eindrücken in vollkommener Hinsicht zu überlassen, ohne dass eine intentionale Sichtweise die Dinge vorherbestimmen würde.

Malte Laurids Brigge: die Kunst, das Sehen zu lernen

Aus dem in den Jahren 1902–1908 entstandenen Zyklus der „Neuen Gedichte" stammt das nachfolgende Sonett „Blaue Hortensie", an dem sich sowohl die neue Sichtweise auf ein Naturphänomen als auch Rilkes Schaffensprinzip exemplarisch aufzeigen lässt.

Rainer Maria Rilke

Blaue Hortensie

So wie das letzte Grün in Farbentiegeln
sind diese Blätter, trocken, stumpf und rauh,
hinter den Blütendolden, die ein Blau
nicht auf sich tragen, nur von ferne spiegeln.

Sie spiegeln es verweint und ungenau,
als wollten sie es wiederum verlieren,
und wie in alten blauen Briefpapieren
ist Gelb in ihnen, Violett und Grau;

Verwaschnes wie an einer Kinderschürze,
Nichtmehrgetragnes, dem nichts mehr geschieht:
wie fühlt man eines kleinen Lebens Kürze.

Doch plötzlich scheint das Blau sich zu verneuen
in einer von den Dolden, und man sieht
ein rührend Blaues sich vor Grünem freuen.

Die lautmalerische Gestaltung beherrscht den Leseeindruck: Sinnlich-konkrete Anschauung vermischt sich mit Bildern und Gedanken, die der wahrnehmbaren Wirklichkeit entstammen, ihr zum Teil aber auch entrückt sind. Verhältnismäßig schwache Hebungen im jambischen Versmaß sorgen für eine gleichmäßig schwebende Betonung, die nur am Beginn des letzten Terzetts durch die Akzentuierung des Wortes „Doch" (Z. 12) unterbrochen wird. Die Klangmalereien und Vokalfülle des gesamten Gedichts sowie das Spiel mit Endreimen bei gleichzeitig gehäuft auftretenden Enjambements schieben sich sozusagen vor die Wahrnehmung des Inhalts.

Struktur

Die Form des Gedichts ist das Sonett. Auf zwei Quartette mit jeweils umarmendem Reim (*abba – cddc*) folgen zwei Terzette, deren Reimstruktur diese miteinander verbindet (*efe – gfg*). Vorherrschend ist der fünfhebige Jambus. Allerdings überlagert die rhythmische Gestalt mit leichten Akzenten und Stauungen die alternierende metrische Form.

Das lyrische Ich (in Z. 13 als „man" bezeichnet) beschreibt die blaue Hortensie im Zustand des Verblühens.

„Entwirklichung“ des Gegenstandes

Zunächst steht das Verblassen der Farbe Blau in den Blütendolden der Hortensie im Mittelpunkt. Dieser Verlust wird in mehreren Vergleichen umschrieben. Die Blätter, „trocken, stumpf und rauh“ (Z. 2), gleichen dem letzten „Grün in Farbentiegeln“ (Z. 1). Die Blütendolden haben ein gerade noch erkennbares Blau, das sie nicht an sich selbst tragen (mit dem Betonungsakzent auf dem „nicht“ in Z. 4), sondern nur von ferne spiegeln. Die wiederholte Betonung des Spiegelns zeigt die Uneigentlichkeit, ja „Entwirklichung“ der Hortensienblüten. Der in den folgenden Zeilen isolierte Hinweis auf Farbfolgen erinnert an die im Impressionismus betonte Intensität feinfühliger Wahrnehmung und den durch flirrende Lichtphänomene hervorgerufenen, beinahe schwerelosen, durchscheinenden Charakter der Dinge. Die Blütenblätter werden als im Moment gerade noch gegenwärtig erfasst, im Zustand ihrer Flüchtigkeit. Die in ihnen erkennbare Mischung der Farben, „ist Gelb in ihnen, Violett und Grau“ (Z. 8), wird mit „alten blauen Briefpapieren“ (Z. 7) verglichen. Es handelt sich um denselben inhaltlichen Bereich des Vergänglichen und des Nicht-mehr-Gebrauchten, der im ersten Terzett angesprochen wird: „Verwaschenes“ (Z. 9) und „Nichtmehrgetragnes“ (Z. 10).

Das Gedicht als Sinnbild

Der Doppelpunkt am Ende von Z. 10 leitet eine Art Motto ein, unter dem die vorherigen Zeilen 1–10 zusammengefasst werden können: „wie fühlt man eines kleinen Lebens Kürze“ (Z. 11). So verdeutlicht sich, dass das Verblühen der Hortensie als Sinnbild für menschliches Leben aufgefasst wird.

Die Bilder betonen das Flüchtige, das Vergängliche und den Verlust und weisen damit in einen Sinnbezirk menschlichen Daseins, der von Passivität gekennzeichnet ist, „dem nichts mehr geschieht“ (Z. 10).

Das zweite Terzett bringt mit der unverhofften Wahrnehmung („Doch plötzlich“, Z. 12) ein Bild hoher poetischer Konzentration: eine Erneuerung des Blau „in einer von den Dolden“ (Z. 13), so dass sich dem Betrachter „ein rührend Blaues“ (Z. 14) zeigt. Dieser Eindruck, der aus dem Inneren einer Blütendolde dringt, greift auf die Empfindung des betrachtenden Sprechers über, so dass er das erneut wahrnehmbare Blau mit dem menschlichen Ausdruck der Freude schmückt: „und man sieht / ein rührend Blaues sich vor Grünem freuen“ (Z. 13 f.).

Diese Erneuerung gewährt im Vorgang des Verblühens einen Aufschub, wenn nicht sogar einen Halt in der Vergänglichkeitsklage, die angesichts des welkend-verschwindenden Blütenfarbtons angestimmt worden ist. Die Naturerscheinung von Welken und Verblassen im Herbst, eingefangen im Bild der Hortensienblüten, erhält einen Kontrapunkt. Den einzelnen Bildelementen des Vergänglichen („das letzte Grün", „trocken, stumpf und rauh", „verlieren", „in alten […] Briefpapieren") steht das Sich-Erneuernde gegenüber, das in der Wortneubildung „sich verneuen" besonders hervorgehoben wird. Die Gegenläufigkeit der Bewegung von Verfall und Erneuerung, von Vergehen und Werden betont die Hoffnung auf das erneute Blühen.

Verfall und Erneuerung

Poetische Konzentration

Die Gestaltungsmerkmale des Gedichts zeigen eine hohe Kunstfertigkeit. Der Dichter hat die blauen Hortensienblüten bis in alle Einzelheiten hinein ergründet. Im genauen Sehen, in der „Durchdringung", wie Rilke den dichterischen Schaffensprozess nennt, erkennt der Dichter Prinzipien des menschlichen Lebens. Es geht dabei nicht um eine Stimmung, die sich dem wahrnehmenden Subjekt erschließt. Vielmehr entsteht der Eindruck, dass sich das lyrische Ich den Gefühlen bewusst entzieht. Es begegnet der Welt der Dinge und Zeichen beobachtend und vertieft seine Beobachtungen. In der genauen Bezeichnung der Dinge gestaltet sich die dichterische Erkenntnis einer neuen, reinen Form. Die geschilderte Blume dient nicht den alltäglichen Zwecken des Betrachtens; ihre Beschreibung hat keinen Mitteilungscharakter, sondern das dichterische Bild von ihr formt sie zu einer ausschließlich ästhetischen Zwecken gehorchenden Kunstfigur um. Es scheint sogar so, dass die Blume nur der äußere Anlass ist, die Empfindung der Farbtöne voll zur Geltung zu bringen, um deren Eigenwert ganz und gar auszuloten. Diese Verwandlung hat die Hortensie selbst „entgegenständlicht", so dass sich nun die hinter ihr liegende Wirklichkeit, ihr Geheimnis, offenbart. Sie ist damit ein Symbol für das Leben in seiner Vergänglichkeit und für das Positive der Hoffnung. Es steht nicht mehr der Gegenstand in seiner anschaulichen Fülle im Vordergrund, sondern seine wesenhafte Bedeutung. Über diesen Schreibprozess schreibt Rilke an die Gräfin Sizzo: „Kein Wort im Gedicht (ich meine

hier jedes ‚und' oder ‚der', ‚die', ‚das') ist identisch mit dem gleichlautenden Gebrauchs- und Konversationsworte; [...] die Konstellation, die es im Vers oder in künstlerischer Prosa einnimmt, verändert es bis in den Kern seiner Natur, macht es nutzlos, unbrauchbar für den bloßen Umgang, unberührbar und bleibend: eine Verwandlung, wie sie sich unerhört herrlich [...] vollzieht" (Rainer Maria Rilke, *Die Briefe an Gräfin Sizzo 1921–1926*, Wiesbaden: Insel, 1950, S. 29).
Mit dem Kunstgebilde des Gedichts ist eine Art zeitlose Gegenwelt geschaffen, die vom kulturellen Betrieb der Jahrhundertwende, von den Veränderungsprozessen der Gesellschaft und ihrer beschleunigten Selbstinszenierung unberührt bleiben soll. Die der Phantasie des Dichters entspringende Analytik steht im Gegensatz zum abbildenden Verfahren der naturalistischen Kunst. Zu dem historischen Zeitpunkt, da die Fotographie die Wirklichkeit im Bild einfängt, konzentriert sich der Dichter auf die „entrealisierte" Welt des Symbols.

Expressionismus (1910–1924) – Natur und Weltuntergang

Epochen-spezifische Merkmale	→ Entzauberung der Natur → Traditionsverlust → Orientierungskrise → Heimatlosigkeit → Suche nach voraussetzungsloser Sprache

Radikale Selbstbestimmung

Unverbrauchte Sprache und Ausdrucksmittel

Die expressionistische Bewegung vollzieht sich etwa zwischen 1910 und 1924 in Malerei und Dichtung. Grundelement dieser neuen Kunstrichtung ist die Darstellung innerer Erlebnisse mit dem Anspruch auf radikale Selbstbestimmung – ein Neuanfang, der eine Entzauberung von Gefühl, Natur und Landschaft mit sich bringt und traditionelle ästhetische Formen ablehnt. Es herrscht ein bislang ungekannter Ausdruckswille vor (von lat. *expressio* ‚Ausdruck'), mit dem Maler und Dichter ein reines und unverfälschtes Bild von der Welt herstellen. Dieses suchen sie im Inneren, in unverbrauchten sprachlichen Bildern oder Ausdrucksmitteln und in schöpferischen, auf Veränderung drängenden Kräften.
Den sozialpolitischen und wirtschaftlichen Hintergrund, auf dem dieser Neuanfang zu verstehen ist, bilden die um die Jahrhundertwende fortschreitende Mechanisierung und zunehmende Massenproduktion, das enorme Wachstum der Großstädte und ihrer Bevölkerungsdichte sowie die damit einhergehende Beschleunigung des Lebenstempos. Daraus entsteht einerseits eine Orientierungskrise, andererseits eine kritische Sicht auf die Wirklichkeit. Bestürzend neu sind für die Menschen die hohe Dichte intensiver Sinnesreize, die Künstlichkeit in Beleuchtung und greller Reklame, was zu einer Überlastung der Wahrnehmung führt. Der Einzelne erfährt sich als von außen bestimmtes Objekt, nicht mehr als handelndes Subjekt. Mit dem Zweifel an einer ordnenden Vernunft und dem Wegfall religiöser Orientierung wird das „heimatlose Ich" zum zentralen Begriff der Epoche.

Erkenntnisskepsis

Die Ausrichtung der Lebensführung auf materielle Ziele der Arbeit und des Konsums wird von der Frage nach dem metaphysischen Sinn des Daseins losgelöst. Materialismus, Determinismus und Pragmatismus sind die vorherrschenden Ideologien der Zeit. Problembewusstsein und Erkenntnisskepsis des Expressionismus richten sich gegen ein Menschenbild, das vom Siegeszug der rationalen Wissenschaften und der von ihnen bestimmten Technik gekennzeichnet ist. Geistesgeschichtlich und kulturell rückt deshalb die schöpferische Freiheit des künstlerischen Menschen in den Vordergrund.

Spontaner Akt des Sehens

In der Malerei findet sich die Loslösung vom Gegenständlichen; jetzt geht es um den von einer Landschaft oder einem Gegenstand hervorgerufenen Eindruck, um das, was sich aus dem spontanen Akt des Sehens ergibt. Die Farbe ist dabei das hauptsächliche Gestaltungsmittel, um das Spiel des Lichtes auf den Gegenständen einzufangen. Als neues Mittel erscheinen der Simultankontrast und das Zerlegen der Farbe in reinfarbige Rasterpunkte.

Relativierung der Perspektive

Die Perspektive ist nicht mehr von nur einem Standpunkt aus zentriert, sondern wird (wie zuvor in der Stilrichtung des Impressionismus) relativiert, vervielfältigt, um dem subjektiven Eindruck eine persönliche, expressive Gestaltung zu geben. Eine farbige Vibration durchströmt den gesamten Bildorganismus. Ähnliche Erscheinungen finden sich in der Dichtung.

In der 1920 erschienenen Anthologie *Menschheitsdämmerung*, die die Strömung des lyrischen Aufbruchs zusammenfasst, beschreibt der Herausgeber Kurt Pinthus (1886–1975) die neue Lebenseinstellung der jungen Dichtergeneration: „Aber man fühlte immer deutlicher die Unmöglichkeit einer Menschheit, die sich ganz und gar abhängig gemacht hatte von ihrer eigenen Schöpfung, von ihrer Wissenschaft, von Technik, Statistik, Handel und Industrie, von einer erstarrten Gemeinschaftsordnung, bourgeoisen und konventionellen Bräuchen. Diese Erkenntnis bedeutet zugleich den Beginn des Kampfes gegen die Zeit und gegen ihre Realität.“ (*Menschheitsdämmerung. Ein Dokument des Expressionismus*, hrsg. von Kurt Pinthus, Hamburg: Rowohlt, 1959, S. 26)

Opposition gegen das Hergebrachte

Aus dieser Oppositionshaltung gegenüber allem Hergebrachten resultiert das Bekenntnis zu ungewohnten sprachlichen und künstlerischen Ausdrucksformen.

Soziale Realität im Gedicht

Vor allem in der Lyrik finden sich jetzt eine exzessive Sprachgewalt, das Aufbrechen grammatikalischer Strukturen sowie Wortschöpfungen und gewagte Wortkombinationen mit bisher nicht gekannter Bildintensität. Damit richtet sich der Expressionismus gegen Kunstrichtungen, die als ästhetisch verklärte und autonome Welt verstanden werden, wie der Symbolismus. Expressionistische Gedichte erheben nicht den Anspruch auf Schönheit, sondern sie integrieren die negativen Aspekte der sozialen Realität, das Hässliche und das Grausame, den Schock und den Schrecken und das Massensterben im Ersten Weltkrieg.

Neue Syntax

Das neue Lebensgefühl zeigt sich auch in der Form der Dichtung. Vorherrschend ist die Zerstörung der herkömmlichen Satzbaumuster; die linear voranschreitende Darlegung von Sinnzusammenhängen in Form von Sätzen wird aufgelöst zugunsten evokativ gesetzter Wörter ohne Satzstruktur; teilweise sind die Gedichte unregelmäßige Wortblöcke und unverbundene Zeilen. Daneben stehen allerdings auch traditionelle Formen wie das Sonett, in dessen klarer Fügung die ungewohnten inhaltlichen Vorstellungen umso krasser hervortreten. Der für den Expressionismus typische Reihungsstil soll die simultane Erlebnisdichte veranschaulichen. Dazu gehört die Steigerung der Assoziationsmöglichkeiten und der bewusst eingesetzten Vieldeutigkeit. Alles spielt sich in einer intensiv erlebten und nach neuem Ausdruck verlangenden Überfülle der Wahrnehmung und gedanklichen Tiefe ab. Diese Intensität zeigt sich in dem für die expressionistische Sprache wichtigsten Element, dem verselbstständigten Eigenschaftswort. So begegnet man sprachlichen Wendungen wie „rote Fröhlichkeit", „blaue Hand" und „stumme Nähe". Es tauchen sowohl Wortneubildungen (Neologismen) als auch der Rückgriff auf archaische Begriffe auf. Semantisch unverträgliche Elemente werden miteinander verknüpft.

Künstler = Visionär

Diese Neuerungen sind der Ausdruck eines veränderungsmächtigen künstlerischen Individuums, das die Realität nicht widerspiegeln, sondern erschaffen will. Die dargestellten Gegenstände sind nur insofern von Bedeutung, als sich in ihnen die vom Künstler geäußerte Vision, die neue Welt und der Angriff auf die Konventionen zeigen.

Unter diesem Aspekt sind auch die Themen zu verstehen: Kälte und Erstarrung; Verirrung und Wahnsinn; Dunkelheit und Nacht; das Hässliche und das Grauen; Verwesung und Tod. Das Lebendige wird mit leblosen Gegenständen verknüpft, Fensterfassaden der Großstadt sind personifiziert, die Natur des Menschen wird vergegenständlicht. Grausame Realitäten wie das Sterben in den Schützengräben des Ersten Weltkriegs werden in der Lyrik mit herkömmlichen Bildern von Natur und Landschaft kombiniert.

Georg Trakl

Winternacht

Es ist Schnee gefallen. Nach Mitternacht verläßt du betrunken von purpurnem Wein den dunklen Bezirk der Menschen, die rote Flamme ihres Herdes. O die Finsternis!

Schwarzer Frost. Die Erde ist hart, nach Bitterem schmeckt die Luft. Deine Sterne schließen sich zu bösen Zeichen.

Mit versteinerten Schritten stampfst du am Bahndamm hin, mit runden Augen, wie ein Soldat, der eine schwarze Schanze stürmt. Avanti!

Bitterer Schnee und Mond!

Ein roter Wolf, den ein Engel würgt. Deine Beine klirren schreitend wie blaues Eis und ein Lächeln voll Trauer und Hochmut hat dein Antlitz versteinert und die Stirne erbleicht vor der Wollust des Frostes;

oder sie neigt sich schweigend über den Schlaf eines Wächters, der in seiner hölzernen Hütte hinsank.

Frost und Rauch. Ein weißes Sternenhemd verbrennt die tragenden Schultern und Gottes Geier zerfleischen dein metallenes Herz.

O der steinerne Hügel! Stille schmilzt und vergessen der kühle Leib im silbernen Schnee hin.

Schwarz ist der Schlaf. Das Ohr folgt lange den Pfaden der Sterne im Eis.

Beim Erwachen klangen die Glocken im Dorf. Aus dem östlichen Tor trat silbern der rosige Tag.

„Winternacht" stammt aus der von Trakl kurz vor seinem Tod noch selbst zusammengestellten Sammlung *Sebastian im Traum*, erschienen 1915. Es werden mehrere bildliche Vorstellungen und Elemente des realen Geschehens aneinandergereiht. Unklar bleibt der Zusammenhang, in dem dies geschieht. Die einzelnen sprachlichen Zeichen werden nicht mehr im Rahmen der Alltagssemantik mit Bedeutung versehen, so dass die Verlässlichkeit der Sprache als Verständigungsmittel schwindet, als ob es eine unüberbrückbare Kluft zwischen Sprache und Leben gäbe. Ob es sich um Wahrnehmungen äußerer Realität handelt oder um herbeiphantasierte Erscheinungen, um Empfindungen oder um Traum, bleibt offen. Es findet keine klare Trennung zwischen Innen- und Außenwelt statt; ihre Ununterscheidbarkeit ist vielmehr intendiert. Dabei handelt es sich aber nicht um ein sinnloses Spiel oder einen puren Affront gegen alle Konvention. Das, was dem Leben Stabilität gibt, nämlich eine wiedererkennbare Identität und einer bestimmten Person zugehörende Charaktereigenschaften, scheint geleugnet. Dahinter steckt das Ziel, dass die jungen Dichter im Expressionismus eine neue Individualwelt aufbauen wollen, die ihre Erfahrungen authentischer, ja beseelter widerspiegeln als die herkömmlichen Deutungsmuster. Trakl sieht das Leben, so schreibt er am 5. Oktober 1908 an seine Schwester, „so klar wie es ist, ohne alle persönliche Deutung, nackt, voraussetzungslos, als vernähme ich all jene Stimmen, die die Wirklichkeit spricht, die grausamen, peinlich vernehmbar" (Georg Trakl, „Brief an Hermine von Rauterberg", in: G.T., *Werke. Entwürfe. Briefe*, hrsg. von H.-G. Kemper und F.R.Max, Stuttgart: Reclam, 1984, S.214).

Auflösung herkömmlicher Bedeutung

Identitätssuche

Es ist eine Erfahrung, wie sie von vielen Dichtern seit der Jahrhundertwende immer wieder formuliert worden ist, nämlich dass die Sprache als Ausdrucksmittel der inneren und äußeren Wirklichkeit unbrauchbar geworden ist. Die Folge solcher Überzeugungen lässt sich nicht anders erleben als in der Zerstörung der traditionellen lyrischen Formen und Bilder. Einzelne Motive lassen sich nicht mehr in einen kontinuierlichen Bedeutungszusammenhang integrieren; vielmehr geht es um eine Kombination unzusammenhängender Bild- und Sprachfetzen. Diese sind nicht als Spiegel der Gefühle und Gedanken gestaltet, sondern dienen mitunter nur noch der bloßen Evokation ästhetischer Signale. Sie suggerieren neue Werte, ein Vibrieren von Formen und Farben, die intensive Überhöhung von Wahrnehmungen, von Wünschen, Begehren und Trauer. Dabei sind neue ungewohnte Bedeutungseinheiten erkennbar, die sich aus nicht mehr weiter reduzierbaren Gegensätzen herleiten.

Evokation ästhetischer Signale

Zunächst soll daher der thematische Rahmen in den Motivfeldern und Bildgruppen des Gedichts abgesteckt werden; anschließend wird die Kompositionstechnik genauer untersucht.

Z. 1–3 f.: Ein von Freunden Heimkehrender erlebt die winterliche Natur. Plötzlich kommt ihm die Finsternis zu Bewusstsein; sie wird fast willkommen geheißen in der beschwörenden Formel „O die Finsternis!"

Rätselhafte Bilder

Z. 4 f.: Die Schwärze der Nacht und Eiseskälte werden so miteinander kombiniert, dass ein Nachvollzug nur schwer vorstellbar ist: „Schwarzer Frost." Sind die nächsten beiden Teilbereiche sinnlich noch erfahrbar (die gefrorene harte Erde, das Schmecken des Bitteren), so bleibt die letzte Aussage rätselhaft. Allerdings ist so viel ersichtlich, dass die Sterne als etwas Abweisendes und Bedrohliches erfahren werden. Das gesamte Erleben lässt sich noch als Wirkung des Rausches verstehen, in dem sich der um Mitternacht Heimkehrende befindet.

Z. 6–8 f.: Auffällig ist der Gegensatz zwischen dem Dahinstampfen des Angeredeten einerseits und dem Versteinert-Sein der Schritte. Unmittelbar danach folgt der Vergleich mit der dynamischen Bewegung des Schanzenstürmens. Der Ausruf „Avanti!" unterstreicht das Rasche der Bewegung.

Z. 9: Die wenigen Wörter der Zeile sprechen von der Bitternis des Schnees und vom Mond. Ob sich das näher beschreibende Attribut auch auf den Mond bezieht, bleibt unklar. Auffällig ist, dass weder das Subjekt der Wahrnehmung genannt wird noch irgendeine Beziehung zu den bezeichneten Phänomenen in der syntaktischen Form einer Prädikataussage vorhanden ist. Das Fehlen eines Verbs schafft unmittelbare Vergegenwärtigung.

Unmittelbare Vergegenwärtigung

Biblische Anspielung

Z. 10–13 f.: Die hier genannten Motive versammeln eine Anzahl unterschiedlicher Wahrnehmungen und gedanklicher Bezüge: Würgen des Wolfes durch einen Engel, klirrendes Gehen, Versteinern und Erbleichen, Lächeln und Begehren. Im Bild vom würgenden Engel ist auf den Mitternachtsdämon angespielt, der nach Exodus 12,23 als Verderber der Erstgeburt von Mensch und Vieh auftritt.

Z. 14 f.: Die evozierte Bildwelt ist mittels der Konjunktion „oder“ als Alternative zum Vorherigen gedacht. Damit wird das eben noch Benannte, nämlich das Erbleichen der Stirne, in gewisser Weise zur Disposition gestellt. Vorherrschend sind Zustände und Bewegungen wie Neigen, Schweigen, Schlaf und Hinsinken.

Wechsel von Statik und Dynamik als poetisches Konstruktionsprinzip

Z. 16–18 f.: Frost, der im Kontext alles Verhärteten und Versteinerten steht, wird mit Rauch verknüpft. Insofern lässt sich eine Bewegung vom Statischen weg hin zum Dynamischen erkennen. Rauch assoziiert den Vorgang des Verflüchtigens und Verschwindens, des Sich-Auflösens und Weniger-sichtbar-Werdens. Das Sternenhemd wird aktiv mit Verbrennen verknüpft, einem Bild, das die Himmelsmacht als verletzend deutet; die Schultern des Körpers sind ebenfalls verletzt. In der Zeile „Gottes Geier zerfleischen dein metallenes Herz“ ist vom Auflösen des (emotional) verhärteten Herzens die Rede.

Z. 19 f.: Am Beginn steht der Anruf „O der steinerne Hügel!“ Unmittelbar darauf folgt in der Gegenläufigkeit von „hart“ und „weich“ der Vorgang des Schmelzens (ebenfalls abzulesen an der verschwimmenden Syntax). Dadurch erhält der Gedichtverlauf eine eigene Dynamik. Der in Z. 13 genannte Bereich des Sinnlichen wird nun wieder aufgegriffen im Bild vom kühlen Leib im silbernen Schnee. Sein Hinschmelzen wird mit Hilfe des Adjektivs „stille“ in den Kontext des Reglosen, Heimlichen und Lautlosen gestellt.

Z. 21 f.: Die in Z. 4 dem Frost zugesprochene Schwärze geht jetzt auf den Schlaf über; das Eis wird mit den vorher noch feurigen Sternen assoziiert, deren hörbaren Pfad das nicht näher bezeichnete lyrische Ich vernimmt.

Z. 23 f.: Erwachen und Sonnenaufgang machen deutlich, dass sich das Erlebte im Traum ereignet haben könnte. Der neue „rosige“ Tag tritt „silbern“ leuchtend „aus dem östlichen Tor“ hervor. Der Tempuswechsel (Präteritum) lässt alles vorher im Präsens Beschriebene als das aus der Distanz Vergegenwärtigte erscheinen.

Mit den letzten Zeilen scheint sich dieser Bedeutungszusammenhang des gesamten Gedichts zu bestätigen: Die rätselhaften Erscheinungen ereignen sich im Schlaf. Auffällig bleibt allerdings, dass ein lyrisches Ich als der Träumende nicht genannt wird. Der schmerzhafte Traum und der stille lindernde Schlaf haben die Ungeheuer der Nacht herbeigerufen und zugleich besänftigt. Im Rückblick des ernüchternden Erwachens verlieren die Dinge ihre Unverständlichkeit. Auf diese Weise lässt sich das Gedicht als Erinnerung an einen verworrenen Traum lesen, als Aufzeichnungen eines aus dem Schlaf erwachten Betrunkenen (vgl. Z. 1 f.).

Gedicht als Traum

Versteht man das Gedicht als bewusste Komposition, dann lassen die Regeln dieser Komposition ein erstes Verstehen möglich erscheinen. Zur Kompositionstechnik gehören die Farbkontraste von Rot, Blau, Schwarz und Weiß, die mit den Beziehungen von Mensch und Natur korrespondieren. Weiß verweist auf die natürliche Farbe des Schnees, auf Reinheit und Unschuld und auf das Sternenhemd, das den Körper „verbrennt“ und das verhärtete Herz auflöst. Rot, die Signalfarbe des Erotischen, ist mit animalischer Kraft („Ein roter Wolf“, Z. 8), aber auch mit dem Bereich des Himmlischen verknüpft. Die zweimal besonders hervorgehobenen göttlichen Kräfte sind dem Versteinerten, also dem Verkrampften und Statischen entgegengesetzt. Schwarz ist nur anfangs dem eiskalten Frost, der die Erde verhärtet, als Attribut zugeordnet, im weiteren Gedichtverlauf ist es einer Wandlung, sogar einer gewissen Dynamik unterzogen; es ist zur Farbe des Schlafes geworden, dessen erlösende Kraft am Ende das lyrische Ich zu beruhigen scheint.

Farbwerte

Der Ausdruckswert der Farben lässt sich nicht in eindeutiger Weise bezeichnen. Der Spielraum der mit den Farben verbundenen Konnotationen ist außerordentlich groß. Für das Verständnis des vorliegenden Gedichts ist es wichtig, dass die verwendeten Farbwerte eine Wandlung, ja sogar eine unvermittelt auftretende Umpolung der mit ihnen verknüpften emotionalen Stimmung durchmachen.

Die Bildelemente des Gedichts sind dem Arsenal der Naturlyrik entnommen: Mitternacht, Sterne, silberner Schnee und Mond, die hölzerne Hütte. „Nacht“ ist der

Wandel des lyrischen Bildes

Zeitraum der Verwandlungen, in dem die rationale Erkenntnis versagt und Zweifel an den festgelegten Ordnungen aufkommt; „Sterne" sind am Firmament zu verorten, das dem Seefahrer Orientierung gibt; „Mond" ist der stille Gedankenfreund des romantischen Wanderers; „Hütte" ist das Symbol für die erdnahe Existenz, sie ist der Ort der Geborgenheit und des Friedens, der Einkehr und der Reflexion. Die ungewöhnlichen Verknüpfungen der Motivkomplexe machen jedoch deutlich, dass sich der Dichter auf der sprachlichen Suche um imaginäre Konstrukte befindet, deren Wortbildungen teilweise vertraut, aber auch unvertraut, geradezu schroff und rätselhaft sein müssen, je mehr der Dichter in einen autonomen, noch nicht betretenen Bereich des Erlebens vordringen will. Es ist ein Ort der Ruhe, an dem der Dichter zu sich selbst kommen will und den er doch nicht richtig erfassen kann, weil auch er der Vergänglichkeit unterworfen ist. Daher müssen sprachliche Motivkomplexe gesucht, ausprobiert und verworfen werden, um diesen Ort gleichsam sprachlich einzukreisen. Die Naturbilder werden dabei zu rätselhaften Chiffren. Raum- und Zeitempfindungen verändern sich.

Suche nach einer neuen Sprache

Magie der dichterischen Sprache

Die mitternächtliche Landschaft erscheint nicht mehr als der Spiegel der Seele. Der Dichter greift zwar noch auf Naturmotive zurück, die ihm bei seiner gedanklichen Wanderung Orientierung leisten sollen, sie können ihm aber nicht mehr eine harmonische Ordnung bieten, in der er sich aufgehoben weiß. Die Wörter verwandeln sich zu autonomen, fast magischen Elementen, die einen neuen, selbstständigen und von aller herkömmlichen Erfahrung losgelösten anderen, reinen Raum benennen und beschwören sollen. Es geht also nicht um die Darstellung der Natur als solcher; vielmehr haben die Naturbilder metaphorischen Charakter und verweisen auf einen unwirklichen Lebensraum.

Georg Heym

Der Abend

Versunken ist der Tag in Purpurrot,
Der Strom schwimmt weiß in ungeheurer Glätte.
Ein Segel kommt. Es hebt sich aus dem Boot
Am Steuer groß des Schiffers Silhouette.

Auf allen Inseln steigt des Herbstes Wald
Mit roten Häuptern in den Raum, den klaren.
Und aus der Schluchten dunkler Tiefe hallt
Der Waldung Ton, wie Rauschen der Kitharen.

Das Dunkel ist im Osten ausgegossen,
Wie blauer Wein kommt aus gestürzter Urne.
Und ferne steht, vom Mantel schwarz umflossen,
Die hohe Nacht auf schattigem Kothurne.

Struktur

Das Gedicht evoziert die Stimmung einer fortgeschrittenen Abenddämmerung in einer Flusslandschaft. Die Jahreszeit ist der Herbst. Es hat drei Strophen zu je vier Zeilen, das Reimschema ist der Kreuzreim (*abab*), männliche und weibliche Kadenzen wechseln sich ab. Die Zeilen zeigen im Metrum einen regelmäßigen fünfhebigen Jambus. Hinsichtlich der Übereinstimmung von Vers- und Satzende ist festzustellen, dass die Sätze (bis auf die Ausnahme in der dritten Zeile) jeweils auf zwei Verszeilen verteilt sind.
Durch Vokalharmonien (Versunken – Purpurrot; Und aus der Schluchten dunkler Tiefe hallt / Der Waldung [...] Rauschen) und Gleichklänge von Konsonanten (Waldung – wie – Wein; Rauschen – Kitharen) werden Zusammenhänge hergestellt, die alle Einzelheiten zu einer stimmungsvollen, harmonischen Bilddichte verschmelzen. Es stellt sich daher die Frage, ob die geschilderte Landschaft mit ihren Naturelementen auch den Einklang und die Geborgenheit zu vermitteln vermag, die durch den Wohlklang und die rhythmische Gleichförmigkeit hervorgerufen werden.

Fehlen des lyrischen Ich

Es ist auffällig, dass kein lyrisches Ich vorhanden ist. Die Landschaftsszenerie gewinnt etwas Absolutes und versperrt sich so dem konkreten individuellen Blick; das Bild vom dunkel heraufziehenden Abend, vom Fluss mit Boot und Schiffer, Inseln und Wald scheint sich so stark in den Vordergrund zu drängen, dass es jegliche persönliche Stimmung einer im Gedicht anwesenden Person ausschließt. In gewissem Sinn ist das Landschaftsbild „aktiv“: Es breitet die ausdrucksstarken Bilder wie eine Bühnendekoration vor dem passiven Beobachter aus. Dieser dynamisch-bewegte Vorgang der Auffächerung einzelner Bilder lässt sich nun der Reihe nach beschreiben.

Dabei sind es räumlich-klangliche und farbliche Gestaltungsmerkmale, die den Gesamteindruck beherrschen.

1. Strophe: Der Abend suggeriert das Rot der untergegangenen Sonne, der Farbwert ist zum Purpurrot gesteigert. Es erscheint vor dem Weiß des Stroms, dessen Ausdehnung als „ungeheure Glätte" bezeichnet wird. Im nahenden Boot hebt sich vor diesem farbintensiven Abendhimmel die große Gestalt des Schiffers in ihrer Silhouette ab.

2. Strophe: Genannt werden die Inseln, auf denen sich – personifiziert – der Herbstwald „mit roten Häuptern", den herbstlich-rot verfärbten Laubkronen, in den klaren Raum hebt. Im zweiten Teil der Strophe wechselt die Wahrnehmung vom visuellen hin zum klanglichen Bereich: Es ist vom Ton der Waldung, also dem Rauschen der Bäume, die Rede, das aus der dunklen Tiefe der Schluchten hallt. Es schließt sich der Vergleich mit dem „Rauschen der Kitharen" (die Kithara ist ein altgriechisches Zupfinstrument) an.

3. Strophe: Die Dunkelheit erscheint wie eine Macht, die ihre Herrschaft ausbreitet. Bereits in der zweiten Strophe mit dunkler Tiefe umschrieben, wird sie jetzt mit blauem Wein verglichen, der „aus gestürzter Urne" herausfließt. Die personifizierte Nacht tritt auf wie eine Schauspielerin, denn sie steht auf einem Kothurn, dem in der Tragödie der griechischen Antike gebräuchlichen Bühnenschuh mit hoher Sohle (bei „Kothurne" in Z. 12 handelt es sich um einen alten Dativ). Diese Stellung verleiht der Nacht etwas Erhabenes. Farblich verstärkt wird die Dunkelheit vom schwarzen Mantel und den schattigen Schuhen.

Einbruch der Nacht als Bühnengeschehen

Der im gesamten Gedicht dargestellte Sachverhalt lässt sich als Einbruch der Nacht verstehen. Doch hilft der Bezug auf die empirische Realität, also auf das, was sich physikalisch als durch Erddrehung bewirkten Ortswechsel in den Kernschatten der Sonne beschreiben lässt, nicht zu einem Verständnis des Gedichts. An die Stelle der konventionellen Alltagssprache tritt eine poetische Sprache, in der die Qualitäten der Wahrnehmung, Vorstellung und Empfindung in einen rhythmischen Fluss gebracht sind, der ein einziges Gesamtbild hervorbringt. Diese Intensivierung geschieht durch folgende Mittel:

- anthropomorphisierende Metaphern und Personifizierungen,
- sprachliche Besonderheiten,
- die Farbgestaltung,
- den Rhythmus und
- die Blickrichtung auf die Erscheinungen.

Die auf das Schauspiel der griechischen Antike verweisenden Wörter „Kitharen" und „Kothurne" legen nahe, die imaginierte Szenerie als eine Bühnendarbietung zu begreifen. Die als Schauspielerin vorgestellte Nacht erscheint wie eine gefeierte Diva. Das Bühnenbild ist auf ihren Auftritt hin angeordnet.

Metaphern und Personifizierungen

Metaphern: Der weiß schwimmende Strom wird personifiziert; die Größe des herannahenden Schiffers, der als Silhouette wahrgenommen wird, bereitet die umfassende Mächtigkeit der Nacht vor. Dazu passt das Bild von „allen Inseln" (Z. 5), auf denen sich der Herbstwald in den klaren Raum erhebt. Auch dies evoziert ein Bild unendlicher Weite. Es wird kontrapunktisch untermalt vom Klang eines dunkel heraufrauschenden Tons. Die Gegensätzlichkeit von klarer Weite und dunkler Tiefe sowie die Verschmelzung visueller und klanglicher Sinneswahrnehmungen erhöhen die Aufmerksamkeit. Die Erfahrung der Räumlichkeit wird mit der Angabe der Himmelsrichtung angedeutet; doch der Osten ist nicht Ursprung der Helligkeit, sondern der Ort, wo das Dunkel als Beginn der Nacht erscheint. Unbestimmt bleibt die genaue Herkunft der Nacht: Sie steht „ferne" (Z. 11); damit scheint sie aus der Tiefe des Kosmos aufgetaucht.

Erhabene Sprache

Sprache: Auffällig sind die altertümlichen Formulierungen mit dem vorangestellten Genitivattribut: „des Schiffers Silhouette", „des Herbstes Wald", „aus der Schluchten dunkler Tiefe", „der Waldung Ton". Diese sprachlichen Archaismen, wozu auch die griechischen Herkunftswörter bzw. das von lat. *urna* ‚Wasserkrug' abgeleitete Wort „Urne" gehören, geben dem Gedicht etwas Erhabenes und verstärken den Eindruck des Fremden, des Geheimnisvollen und Unbestimmten. Mit dem Assoziationsfeld der griechischen Tragödie wird erinnert an den Mythos vom Ursprung der Nacht, die sich aus dem Chaos heraustrennt.

Farbwerte

Farbgestaltung: Der Gegensatz von Abendrot und Nachtdunkelheit zeigt sich in der Farbgebung. Zweimal erscheint das Rot vor dem weißen Hintergrund und in der Potenzierung zu „Purpurrot“. Mit dem plötzlichen Einbruch der Nacht tritt das Dunkel seine Herrschaft an, die Rede ist von „dunkler Tiefe“, vom ausgegossenen „Dunkel“, es ist „blauer Wein“, der aus der Urne fließt.

Klanggestalt

Rhythmus: Das durchgängig regelmäßige, fünfhebige jambische Versmaß sorgt für einen ruhig dahinfließenden Rhythmus. Die dreimaligen Zeilenenjambements gliedern sich dem Fluss der gebundenen Sprechbewegung an. Das Dahingleiten der Melodie unterstützt die Tiefe und die räumliche Ausbreitung des Geschehens.

Perspektive

Blickrichtung: Die Gestaltung der Bühne zeigt in der Horizontalen eine weite Ausdehnung. In der Vertikalen wird der Blick gleichzeitig abwechselnd in die Höhe und Tiefe gelenkt. Dem Versunkensein des Tages steht das Hervortreten der Silhouette gegenüber; der Herbstwald „steigt“ in den klaren Raum – dagegen hallt der Ton aus dunkler Tiefe; im Gegensatz zur umgestürzten Urne „steht“ die hohe Nacht. Gedichteingang und -ausgang sind mit dem Gegensatz von Tag und Nacht umklammert: „versunken“ – „hohe“.

Nacht als mythische Figur

Insgesamt speist sich die Darstellung der Naturerscheinung des Nachteinbruchs aus mehreren Bildquellen: Im Gegensatz zur langsam heraufziehenden Dämmerung, in der die Farben verschwimmen und der Übergang in die Unbestimmtheit allmählich vor sich geht, bricht im vorliegenden Gedicht die Nacht jäh herein, ohne Vorwarnung und ohne Übergang. Die Mitte des Gedichts bezeichnet von Z. 6 auf 7 den unvermittelten Bruch zwischen Klarheit und Finsternis: Ist soeben noch vom klaren Raum die Rede, setzt die darauf folgende Zeile die dunkle Tiefe dagegen. Es ist die lichtlose Dunkelheit der tiefen Unterwelt, die unvermittelt den Tag einhüllt. Die Nacht offenbart sich als mythische Figur der Allesbeherrscherin: Sie ist es, die erwartet wird und die nun den Raum und die Tiefe der Bühne einnimmt.

Bedrohung des Daseins

Ein individuelles Ich ist in diesem Gedicht nicht erkennbar. Die Gefühlskraft der Bilder wirkt zwar im Leser weiter, dennoch lässt sich kein Standort, keine Befindlichkeit, kein Ort der Besinnung festmachen. Am Beispiel der unvermittelt hereinbrechenden Kräfte der Natur hebt Georg Heym die Bedrohung des menschlichen Daseins heraus, besonders sinnfällig dadurch, dass die Nacht im Osten, dem traditionellen Bild des Tagesanbruchs, heraufzieht.

Moderne (vom Zweiten Weltkrieg bis zur Gegenwart) – Natur als Mittel zur Erkenntnis

Autoren und epochenspezifische Zuordnungen	
	→ **Bert Brecht:** Naturlyrik als politische Lyrik → **Hans Magnus Enzensberger:** Reflexion statt Stimmung → **Sarah Kirsch:** Natur als Raum der Selbstvergewisserung → **Günter Kunert:** Natur als Utopie → **Hilde Domin:** Gedicht als Begegnung mit sich selbst → **Nora Bossong:** Verantwortung gegenüber der Natur

Naturbearbeitung als Selbstentfaltung des Menschen

Naturlyrische Aussagen, überhaupt jede Form von Naturanschauung, werden von Bertolt Brecht (1896–1956) wie von keinem anderen Lyriker seiner Zeit radikal mit der aktuellen geschichtlichen Situation, in der die Menschen leben, konfrontiert. Die marxistische Theorie des arbeitenden Menschen und der Gesellschaft ist der Angelpunkt für sein „natur-philosophisches" Denken. Naturbearbeitung ist ein wesentliches Moment menschlicher Selbstentfaltung; es bestimmt in einem komplizierten dialektischen Mit- und Gegeneinander das Verhältnis zwischen Natur und Mensch. Natur und Naturlyrik können deshalb für Brecht nicht jenseits der gesellschaftlichen Wirklichkeit bestehen. Naturdichtung darf sich für ihn nicht in einem Raum jenseits der Gesellschaft als pure Erlebnisdichtung ansiedeln; sie muss die gesellschaftspolitische Situation des Dichters und des Lesers mit bedenken, wenn sie noch eine Existenzberechtigung haben will. Daher ist Naturlyrik für Brecht immer auch politische Dichtung als Ausdruck eines reflektierten, politischen Bewusstseins. Das betrifft die frühen Gedichte genauso wie die im Exil entstandenen, in denen er sich mit dem Nationalsozialismus auseinandersetzt, bis zu der Gedichtsammlung der „Buckower Elegien", einem weitgehend naturlyrischen Zyklus aus Brechts späten Jahren.

Bereits in dem Anfang 1939 erstveröffentlichten Gedicht „Schlechte Zeit für Lyrik“ hatte Brecht in Z. 18–22 formuliert:

In mir streiten sich
Die Begeisterung über den blühenden Apfelbaum
Und das Entsetzen über die Reden des Anstreichers.
Aber nur das zweite
Drängt mich zum Schreibtisch.

Die im vorliegenden Gedichtauszug indirekt geäußerte Auffassung von Lyrik ist von einer Paradoxie gekennzeichnet, insofern die bedrohlichen zeitlichen Umstände als so belastend erlebt werden, dass das Schreiben von Gedichten als eine angemessene Reaktion auf die Zeitumstände prinzipiell bezweifelt wird; dieser Zweifel wird jedoch selbst thematisiert. Im lyrischen Sprecher streiten sich die „Begeisterung“ angesichts der Schönheit und der Wirklichkeitsfülle des blühenden Apfelbaums (das Naturbild steht stellvertretend für alle Naturdichtung) mit dem „Entsetzen“ über die kriegshetzerischen (Rundfunk-)Reden Adolf Hitlers. Für den Autor Brecht heißt das, dass er sich zwar nicht die eigene dichterische Tätigkeit verbieten will, dass aber die viel drängendere Arbeit des politischen Kampfes eindeutig Priorität hat. Damit bekommt die Dichtung einen klaren politischen Auftrag: Sie soll zur Bildung des politischen Bewusstseins beitragen. Naturlyrik ist insofern unangebracht, als sie zur idyllisch-kontemplativen Betrachtung einladen will und darüber die politischen und sozialen Zeitumstände vergessen lässt. In einer Zeit, in der die faschistische Gewaltherrschaft sich in ihrer menschenverachtenden Grausamkeit unverhohlen zeigt, wird eine rein ästhetische Naturlyrik zur lebensfernen und damit auch zur lebensfeindlichen Flucht vor der Wirklichkeit.

Bertolt Brecht

An die Nachgeborenen

1

Wirklich, ich lebe in finsteren Zeiten!

Das arglose Wort ist töricht. Eine glatte Stirn
Deutet auf Unempfindlichkeit hin. Der Lachende
Hat die furchtbare Nachricht
Nur noch nicht empfangen.

Was sind das für Zeiten, wo
Ein Gespräch über Bäume fast ein Verbrechen ist
Weil es ein Schweigen über so viele Untaten einschließt!
Der dort ruhig über die Straße geht
Ist wohl nicht mehr erreichbar für seine Freunde
Die in Not sind?

Es ist wahr: ich verdiene nur noch meinen Unterhalt
Aber glaubt mir: das ist nur ein Zufall. Nichts
Von dem, was ich tue, berechtigt mich dazu, mich satt zu
essen.
Zufällig bin ich verschont. (Wenn mein Glück aussetzt
Bin ich verloren.)

Man sagt mir: iß und trink du! Sei froh, daß du hast!
Aber wie kann ich essen und trinken, wenn
Ich es dem Hungernden entreiße, was ich esse, und
Mein Glas Wasser einem Verdurstenden fehlt?
Und doch esse und trinke ich.

Ich wäre gerne auch weise
In den alten Büchern steht, was weise ist:
Sich aus dem Streit der Welt halten und die kurze Zeit
Ohne Furcht verbringen
Auch ohne Gewalt auskommen
Böses mit Gutem vergelten
Seine Wünsche nicht erfüllen, sondern vergessen
Gilt für weise.
Alles das kann ich nicht:
Wirklich, ich lebe in finsteren Zeiten!

2

In die Städte kam ich zu der Zeit der Unordnung
Als da Hunger herrschte.
Unter die Menschen kam ich zu der Zeit des Aufruhrs

Und ich empörte mich mit ihnen.
So verging meine Zeit
Die auf Erden mir gegeben war.

Mein Essen aß ich zwischen den Schlachten
Schlafen legte ich mich unter die Mörder
Der Liebe pflegte ich achtlos
Und die Natur sah ich ohne Geduld.
So verging meine Zeit
Die auf Erden mir gegeben war.

Die Straßen führten in den Sumpf zu meiner Zeit
Die Sprache verriet mich dem Schlächter
Ich vermochte nur wenig. Aber die Herrschenden
Saßen ohne mich sicherer, das hoffte ich.
So verging meine Zeit
Die auf Erden mir gegeben war.

Die Kräfte waren gering. Das Ziel
Lag in großer Ferne
Es war deutlich sichtbar, wenn auch für mich
Kaum zu erreichen.
So verging meine Zeit
Die auf Erden mir gegeben war.

3

Ihr, die ihr auftauchen werdet aus der Flut
In der wir untergegangen sind
Gedenkt
Wenn ihr von unseren Schwächen sprecht
Auch der finsteren Zeit
Der ihr entronnen seid.

Gingen wir doch, öfter als die Schuhe die Länder wechselnd
Durch die Kriege der Klassen, verzweifelt
Wenn da nur Unrecht war und keine Empörung.

Dabei wissen wir ja:
Auch der Haß gegen die Niedrigkeit
Verzerrt die Züge.
Auch der Zorn über das Unrecht
Macht die Stimme heiser. Ach, wir
Die wir den Boden bereiten wollten für Freundlichkeit
Konnten selber nicht freundlich sein.

Ihr aber, wenn es soweit sein wird
Daß der Mensch dem Menschen ein Helfer ist
Gedenkt unsrer
Mit Nachsicht.

Das Gedicht ist Teil der Sammlung der „Svendborger Gedichte“, die Brecht in der Zeit des Exils auf der dänischen Insel Fünen 1933–1939 verfasst hat. Es besteht aus drei nummerierten Teilen. Der erste Teil (bestehend aus fünf Segmenten) und dritte Teil (bestehend aus vier Segmenten) weisen eine unregelmäßige Zeilenzahl, keine Reime und unterschiedliche Länge auf. Der zweite Teil (bestehend aus vier Segmenten) hebt sich jedoch durch seine regelmäßige Zeilenzahl (jeweils sechs) und den Refrain von Teil 1 und 3 ab. Die Einzelverse sind ohne festes Metrum. Satz- und Zeilengliederung stimmen nicht überein, wodurch eine starke Spannung zwischen Satz- und Zeilenrhythmus entsteht. Die Zeilengrenzen zerteilen oftmals syntaktisch eng miteinander verbundene Wörter, so dass das Zeilenenjambement als äußerst harte Fügung erscheint. Die dadurch getrennten Bedeutungselemente werden besonders hervorgehoben. (Beim Lesen des Gedichts machte Brecht an den Zeilenenden eine deutliche Pause – auch dort, wo der Satz über das Zeilenende hinausgeht. Die so hervorgerufenen Härten im Rhythmus verhindern ein schwungvolles harmonisches „Singen“. Das Auseinanderreißen der Wortkombinationen war also vom Autor intendiert. Vgl. Brechts Lesung des Gedichts auf http://www.lyrikline.org/de/gedichte/die-nachgeborenen#.U7QXDvl_snc; letzter Zugriff: Juni 2014.)

Struktur

Zeitstufen

Die dreiteilige Struktur des Gedichts wird durch die Verwendung unterschiedlicher Tempora akzentuiert (1: Präsens, 2: Präteritum, 3: Futur). So spiegeln die Einzelteile die Zeitstufen der Gegenwart, Vergangenheit und Zukunft. Gegenwart und Vergangenheit werden von einen Ich-Sprecher dargestellt („ich lebe in finsteren Zeiten“, Z. 1), während die Zukunft von einem Wir-Sprecher geschildert wird, der sich mit einem Appell an die kommenden Generationen wendet: „Ihr, die ihr auftauchen werdet aus der Flut / In der wir untergegangen sind“ (Z. 56 f.).

Frage-Antwort-Struktur

Die 1. Zeile formuliert durch die isolierte Stellung mit besonderem Nachdruck eine Art ausrufende Bestätigung: „Wirklich …!“ Die Redewendung wirkt wie die Antwort auf eine von einem Leser gestellte Frage (Waren die Zeiten wirklich so, wie du es beschreibst?) oder auf Herausforderung und Zustimmung (Was waren das für finstere Zeiten, in denen du gelebt hast!). Diese von Anfang an erkennbare Antwortstruktur der Gedichtaussagen setzt sich in den folgenden Zeilen fort und muss bei deren Interpretation mit bedacht werden. Brecht scheint sein Gedicht als Antwort auf Fragen zu verstehen, die ihm im Nachhinein gestellt werden könnten. Sie bekommen dadurch eine Art Rechtfertigungshaltung. Für den Leser des Gedichts bedeutet die Frage-Antwort-Struktur, dass er gezwungen wird, beim Lesen eine Fragehaltung einzunehmen, durch die er mit dem Autor gleichsam in einen argumentativen Dialog eintritt. Die Frage, auf die die folgenden Zeilen des Gedichts „antworten", könnte lauten: Gab es damals Leute, die arglos waren, die unempfindlich für die Zeitumstände waren und die gelacht haben? Die Zeilen 2–14 geben die Antwort in bejahender Form und bewerten das Verhalten. Den finsteren Zeiten werden drei Verhaltensweisen gegenübergestellt: das arglose Wort, die glatte Stirn, das Lachen. Die antithetische Fügung verdeutlicht die Spannung und Widersprüchlichkeit, in der sich das Leben abspielt. Der Widerspruch ergibt sich zwischen der notwendigen alltäglichen Existenz und dem Wissen um die Verstrickung in Ungerechtigkeit. Er bricht dort auf, wo das Bewusstsein von der objektiven Ungerechtigkeit den Blick auf die subjektive Situation schärft. Das beobachtende Ich ist nicht ohne ein aufmerksames Verhältnis zu den sozialen und geschichtlichen Prozessen seiner Zeit denkbar. Diese bestimmen sein Denken und seine Wahrnehmung. Erst unter der Perspektive der politischen Aufmerksamkeit kann es die „glatte Stirn" in seiner „Unempfindlichkeit" erkennen. In Z. 6–11 zeigt sich der Widerspruch im „Gespräch über Bäume" einerseits und dem Schweigen über Untaten andererseits.

„Gespräch über Bäume"

Das „Gespräch über Bäume" steht für eine Form der Naturdichtung, in der unreflektiert vom Erleben der Natur gedichtet und der geschichtliche Horizont ausgeblendet wird. Der implizit geforderte Verzicht auf Naturdichtung ist also nicht eine grundsätzliche Absage an jede Form von Naturlyrik, sondern steht unter der Voraussetzung, dass lyrische Aussagen über Natur die politische Wirklichkeit verschleiern. Die aufgezeigten Widersprüche spiegeln sich im Verhalten der Menschen. Die Entsprechungen von argloser Rede und Torheit, glatter Stirn und Unempfindlichkeit, Lachen und Unwissenheit sind für den Leser nachvollziehbar, der die Frage stellt: Wie haben sich die Menschen in der Zeit des Faschismus verhalten? Es ist nicht das Schweigen als solches, das Brecht hier kritisiert; es verliert dann seine moralische Berechtigung, wenn es die Not der Freunde (vgl. Z. 10 f.) missachtet.

Überleben „in finsteren Zeiten“

Die folgende Strophe (Z. 12–16) lässt sich als Antwort auf den Einwand begreifen, wie es der Autor verstanden hat, „in finsteren Zeiten“ zu überleben. Die Aussagen sind nicht frei von Selbstkritik: „Es ist wahr“ (Z. 12). Sein Leben wird als Ergebnis eines glücklichen Zufalls dargestellt: „Zufällig bin ich verschont“ (Z. 15). Essen und Trinken gilt ihm als Raub an den Hungernden und Verdurstenden, nicht als Entschuldigung, sondern als Einsicht in die Auffassung, dass es eine gerechte Lebensweise – wie sie von den Weisen proklamiert werde – nicht geben könne. Als Bekräftigung dieser Einsicht wird die Aussage der 1. Zeile in Z. 31 wiederholt.

Der Mittelteil des Gedichts, der sich in formaler Hinsicht durch die vier sechszeiligen Strophen deutlich heraushebt, resümiert die Lebenserfahrungen des lyrischen Ich und stellt sie in den Zwang notwendiger Existenzbewältigung und den Kampf gegen Ungerechtigkeit: „So verging meine Zeit / Die auf Erden mir gegeben war.“ Die Aussage wird als Refrain in den vier Strophen des zweiten Segments wiederholt. Der Sprecher versteht sich als Teil der geschichtlichen Situation, in der er seine Identität definieren muss. „Unordnung“, „Hunger“ und „Aufruhr“ (Z. 32–34) verlangen die Empörung des politisch lebenden Beobachters; „Schlachten“ und „Mörder“ (Z. 38 f.) weisen auf Gefahr und Kampf hin, so dass keine Zeit für achtsame Liebe und ruhige Kontemplation der Natur bleibt; „Sumpf“ und „Schlächter“ (Z. 44 f.) und die Rolle des Widerstands („die Herrschenden / Saßen ohne mich sicherer“) weisen auf den politischen Kampf; im 4. Abschnitt folgt die realistische Einschätzung der Möglichkeit des eigenen Beitrags zum Kampf gegen die Herrschenden. Deutlich wird darauf hingewiesen, dass die politische Situation nach Entscheidung verlangt und damit jede Form ästhetischer oder erotischer Hingabe verarmen muss.

Teil 3 beginnt mit der Aufforderung zum Gedenken, die in den letzten Zeilen mit der Bitte um Nachsicht ergänzt wird. Die Überlebenden werden assoziiert mit den Menschen nach der Sintflut („aus der Flut", Z. 56). Der Aufforderung an die Nachgeborenen, sich gegen die Gewaltherrschaft zu empören, steht das Eingeständnis der Sprecher („wir") gegenüber, dass der Kampf gegen die Unmenschlichkeit die Kämpfenden nicht vor der eigenen Unmenschlichkeit verschont: „Ach, wir […] konnten selber nicht freundlich sein."

Lyrische Rede als Argumentation

Die Struktur des Gedichts macht aus der lyrischen Rede ein reflektierendes Sprechen, das auf Argumentation zielt. Die durch den Rhythmus unterstützte Antwortsituation des Gedichts, die antithetischen Fügungen, Herausforderungen und direkten Appelle verlangen vom Leser ein kritisches Bewusstsein.

Politisches und metapoetisches, programmatisches Gedicht

Der Text spricht über die Notwendigkeit des aktiven Kampfes gegen den Faschismus und die damit verbundenen Einschränkungen und Hoffnungen. Insofern ist er ein politisches Gedicht. Die politische Wirklichkeit bestimmt die angesprochenen Themen und legt die Ziele fest, für die sich das Engagement lohnt. Gleichzeitig handelt es sich um eine Reflexion über die eigene Möglichkeit des Gedichteschreibens; insofern ist es ein metapoetisches (d. h. über die Poesie redendes) Gedicht. Die politisch-gesellschaftliche Wirklichkeit fordert kritische Distanz und argumentierende Logik, beides zeigt sich in der formalen Struktur. Das „Gespräch über Bäume" als Sammelbegriff für Naturlyrik ist unter der Voraussetzung falsch, dass es allein die empfindende Subjektivität des lyrischen Ich zum Ausdruck bringt und damit die bedrängende Wirklichkeit verschweigt. Indem Brecht diese Gedanken in der Form eines Gedichts äußert, erhält es dies den Charakter eines Programms: Es definiert prinzipiell die Bedeutung und die Funktion der Naturlyrik. Sie stößt dann an Grenzen, wenn sie nicht auch über die historische Wirklichkeit und die Rolle der Menschen, die in ihr leben, spricht.

Definition der Naturlyrik

Mit der Politisierung der Lyrik in den 60er Jahren im Anschluss an die historisch-politischen Entwicklungen (große Koalition, Außerparlamentarische Opposition, Studentenbewegung) und der Tendenz zur „Neuen Sub-

jektivität“ in den 70er Jahren sowie mit dem Aufgreifen von Naturthemen unter dem Aspekt ökologischer Interessen seit Mitte der 70er Jahre wird auch das Thema „Natur“ zu einem explizit politischen. Naturlyrik wird zur politischen Lyrik besonders in den Agitationsgedichten im Zusammenhang mit der Studentenbewegung und findet zu eigenen Ausdrucksformen wie Protestsong und Montagegedichten. Die Lyrik-Entwicklung der 70er Jahre bringt aber auch einen neuerlichen Rückzug auf das lyrische Subjekt mit sich als Reaktion auf enttäuschte politische Hoffnungen bezüglich gesellschaftlicher Veränderungen. Natur wird infolgedessen zum Thema einer subjektiven Selbstvergewisserung. In der Gegenwart ist Natur als „kaputte Natur“ kaum noch aus den Gedichten wegzudenken. Beispielhaft seien Lyriker wie Jürgen Becker und Rolf Dieter Brinkmann genannt.
Hans Magnus Enzensberger (geb. 1929) vertritt die theoretische Neubesinnung der Lyrik und reflektiert das Verhältnis von Sprachartistik und ihrer Anwendung bei der politischen Aufklärung. Seine Gedichte verbinden eine äußerst artifizielle, technisch progressive Formgebung mit dem politischen Aspekt der Poesie, der direkt ihrem ästhetischen Medium, der Sprache, entspringt. Aus seiner früheren Schaffensperiode Anfang der 60er-Jahre stammt das folgende Gedicht „das ende der eulen“.

Hans Magnus Enzensberger

das ende der eulen

ich spreche von euerm nicht,
ich spreche vom ende der eulen.
ich spreche von butt und wal
in ihrem dunkeln haus,
dem siebenfältigen meer,
von den gletschern,
sie werden kalben zu früh,
rab und taube, gefiederten zeugen,
von allem was lebt in lüften
und wäldern, und den flechten im kies,
vom weglosen selbst, und vom grauen moor
und den leeren gebirgen:

auf radarschirmen leuchtend
zum letzten mal, ausgewertet

auf meldetischen, von antennen
tödlich befingert floridas sümpfe
und das sibirische eis, tier
und schilf und schiefer erwürgt
von warnketten, umzingelt
vom letzten manöver, arglos
unter schwebenden feuerglocken,
im ticken des ernstfalls.

wir sind schon vergessen.
sorgt euch nicht um die waisen,
aus dem sinn schlagt euch
die mündelsichern gefühle,
den ruhm, die rostfreien psalmen.
ich spreche nicht mehr von euch,
planern der spurlosen tat,
und von mir nicht, und keinem.
ich spreche von dem was nicht spricht,
von den sprachlosen zeugen,
von ottern und robben,
von den alten eulen der erde.

Sprache der Sprachlosen

Das Gedicht ist vor allem geprägt durch die bereits eingangs als Anapher dreimalig wiederholte Sprechformel („ich spreche"), die nochmalige Wiederholung bzw. den Gebrauch des Verbs „sprechen" (Z. 31) und des Adjektivs „sprachlos" (Z. 32). Klar erkennbar wird so die Bedeutung, die dem Aussprechen und dem Sprechen überhaupt beigemessen wird. Das lyrische Ich spricht nicht für sich selbst; es nimmt Partei für die Sprachlosen, für die, die nicht der Sprache mächtig sind oder sie nicht benutzen wollen: „ich spreche von dem was nicht spricht" (Z. 31). So lässt sich auch die Kommunikationssituation des Gedichts als Rede eines Sprechers verstehen, der sich vor der drohenden Auslöschung der Menschheit und der Natur (durch eine atomare oder ökologische Katastrophe) an den Leser wendet.

Warngedicht

Die Nachdrücklichkeit, mit der der Sprecher sich Gehör verschafft, die Wahl eindrucksvoller, unmittelbar für sich sprechender Bilder und die Perspektive appellieren an den Leser. Es handelt sich um ein Warngedicht. Dass die Warnung allerdings nicht explizit ausgesprochen wird, könnte darauf deuten, dass Enzensberger Anklage und Protest für erfolglos hält.

Der Aufbau des Gedichts in drei Strophen unterstützt sowohl die Antithetik von Menschenwelt und menschenloser Natur als auch die Perspektive der Darstellung. Auffällig ist in der 1. Strophe der anaphorische Gedichtanfang, der sofort den Gegensatz Mensch und Tier bzw. Natur einleitet. Werden in der 1. Strophe zunächst nur die Objekte genannt, die der Sprecher vergegenwärtigt, so stellt die 2. Strophe eine nähere Erläuterung über den Zustand der Natur dar. Es lassen sich Kausalbeziehungen herstellen, syntaktisch eingeleitet durch den Doppelpunkt am Ende der 1. Strophe. Die 3. Strophe entwirft, syntaktisch durch Negationen unterstützt, als Gegenbild das, was vorher war bzw. jetzt noch ist, aber wovon der Sprecher nach einer globalen Katastrophe nicht mehr berichten kann.

Kontrastive Bildbereiche

Die Antithetik des Gedichts besteht des Weiteren in der Nennung militärischer Einrichtungen einerseits, den Naturbildern andererseits. Als Bildbereiche der Natur sind Tiere des Meeres („butt" und „wal") und der Luft („rab", „taube" und „eule") genannt sowie die sowohl im Meer als auch an Land lebenden Säugetiere „otter" und „robbe". Die Bilder stehen also auch in gedanklichem Zusammenhang mit der Evolution. Tiere sind „gefiederte" (Z. 8) oder „sprachlose zeugen" (Z. 32) der Katastrophe, vor der der Mensch „arglos / unter schwebenden feuerglocken" (Z. 20 und 21) lebt. Der Bildbereich der 2. Strophe zeigt reale Gegenstände militärischer Vernichtung. Allerdings sorgt die hohe Kunstfertigkeit der poetischen Aussageweise dafür, auch diese Realität zu „poetisieren", so dass stilistisch kein Bruch im Gesamteindruck des Gedichts entsteht. Das Stilmittel des Enjambements (Zeilensprungs) beherrscht bis auf die vorletzte Zeile (Z. 21) den gesamten Ablauf des Gedichts, so dass die einzelnen sprachlichen Fügungen durch den über die Zeilengrenze hinweg fortgesetzten Sinnzusammenhang besonders auffällig und bedeutungsstark hervortreten. Das Zeilenenjambement bewirkt ein Stocken im Lesefluss, wodurch jede einzelne sprachliche Wendung mit gesteigerter Aufmerksamkeit wahrgenommen wird. Die zusätzliche Inversion der Satzglieder in den Zeilen 15–17 rückt das Subjekt an den Schluss der Aussage, so dass es eine auffällige Betonung erhält. Diese liegt inhaltlich auf den Landschaftsbeschreibungen „floridas sümpfe“ und „das sibirische eis“, die stellvertretend (Pars pro toto) die politischen Einflussbereiche der ehemaligen Supermächte (USA und Sowjetunion) repräsentieren. Die Personifizierung („erwürgt / von warnketten“ Z. 18 f.) sorgt für eine inhaltliche, der anaphorische Zeilenbau („auf radarschirmen“ und „auf meldetischen“ Z. 13 und 15) und die Alliterationen („leuchtend / zum letzten mal“; „von antennen / tödlich befingert“; „und das sibirische eis, tier / und schilf und schiefer erwürgt“, Z. 13–18) sorgen für klangliche Kohärenz.

Natur als Opfer der Technik

Die Metapher vom frühzeitigen Kalben der Gletscher (Z. 6 f.) weist auf eine Eigentümlichkeit des Bildbereichs hin: Es handelt sich um in der Realität existierende bzw. durch Umweltzerstörung bewirkte Naturphänomene. Die Natur vermag den Einwirkungen der Technik nicht Widerstand zu leisten, sie ist passiv und leidend und kann ihr Schicksal nur ohnmächtig erdulden. Angesichts der Technik als Mittel der Naturaneignung und -beherrschung hat sie ihre Absolutheit aufgeben müssen. Die Naturbilder, die dies ausdrücken, sind daher nicht alle als Metapher zu verstehen. Das Bild vom Ende der Eulen kann symbolisch gedeutet werden, da es offensichtlich die Konnotation „Weisheit“ (die Eule als Attribut der Göttin Athene) einbezieht.

Ende der Natur

Der Titel und die Schlusszeile rahmen das Gedicht inhaltlich ein. Auf symbolischer Ebene kann die Aussage folgendermaßen umschrieben werden: Das Ende der Weisheit bedeutet auch das Ende der Erde. Der Prozess der Evolution ist ebenfalls an sein Ende gekommen. Diese Bedrohung zur Sprache zu bringen kann ein Versuch sein, die bevorstehende Katastrophe abzuwenden, obwohl es sich dabei lediglich um ein Gedankenexperiment handelt und im Gedicht keine konkreten Handlungsanweisungen folgen. In diesem Sinne stellt das Gedicht implizit einen aufklärerischen Appell dar, da es vom Leser Einsicht und Verantwortung verlangt, die sich nicht an die „planer der spurlosen tat“ delegieren lassen. Für Enzensberger als einem zeitkritischen und engagierten Beobachter gesellschaftspolitischer Entwicklungen ist die reine Verwendung von Naturbildern im traditionellen Sinne nicht möglich. Deshalb ist die enge Kombination von Naturbildern und politisch-historischen Ereignissen für seine Gedichte charakteristisch. Damit knüpft Enzensberger an die von Heine bis zu Brecht reichende politische Lyrik an, die historische Ereignisse reflektiert.

Die Lyrik-Entwicklung in der ehemaligen DDR unterlag von Anfang an anderen Maßstäben. Zunächst angepasst an die „Aufbauprogrammatik" der Kulturpolitik erscheinen zu Beginn der 50er Jahre wenig auffallende Texte. Es fehlt eine grundsätzliche Auseinandersetzung mit der Vergangenheit selbst bei Autoren wie Johannes R. Becher, Stephan Hermlin und Peter Huchel, die die Zerstörung des Landes und die Schuldfrage thematisieren. Mit den Lyrik-Anthologien des Jahres 1956, in denen vorwiegend junge Autoren zu Wort kommen und das Verhältnis zur Bundesrepublik reflektieren, rücken neue Themen in die Lyrik-Landschaft.
Im Zuge einer massiv einsetzenden Repression verlassen Sarah Kirsch 1977 und Günter Kunert 1979 die DDR. Gemeinsam mit anderen prominenten DDR-Schriftstellern hatten sie gegen die Ausbürgerung Wolf Biermanns aus der DDR protestiert.
Die hier ausgewählten Gedichte können die spezifische gesellschaftspolitische Kommunikationssituation der DDR-Literatur nur indirekt berühren. Hauptaspekt ihrer Betrachtung ist die verwendete Naturbildlichkeit.

Sarah Kirsch

Grünes Land

Wenn der Kuckuck ruft den hörst du nicht bin ich weit
Grünes grünes Land zwischen mir und der Stadt
Ich zieh ins Haus zwischen die Arme des Flusses

Aber was tu ich ich fang keinen Fisch
Verstehe die Stimmen der Krähen nicht

Wiesen Koppel zu Türmen gehaunes Gras Schonungen der
Hochwald
Ich sehe gebogene weidende Pferde sie sind gar nicht da
Nur einmal ein Kopf aus dem Stallfenster

Ach und ich lief auf beuligen Wegen
Fort aus der Stadt

Ich rauche im Regen traf tagelang keinen Menschen
Nur ein Alter sah übern Zaun hatte Zeitung gelesen
Wenns losgeht sagte er ich habe einen eigenen Brunnen

Ich nichts aber auf diesem Land
Bau ich dir vierblättrigen Klee

Natur als Ort der Selbstaussage

Das Gedicht erschien innerhalb der 1974 veröffentlichten Gedichtsammlung *Zaubersprüche*. Wovon spricht es? Einzelne Bilder geben Auskunft: grünes Land, ein Fluss, die Flucht aus der Stadt, Rauchen im Regen, ein Gespräch mit einem alten Mann. Damit sind einzelne Assoziationsreize genannt. Sie sind Bestandteile einer Naturszenerie, in die die Psyche des lyrischen Ich verwoben ist. Die Art und Weise, wie es sich äußert, sich selbst in die Landschaft einbringt und sich in ihr verhält, ist daran abzulesen, wie das Gedicht spricht.

Die einzelnen Äußerungen sind locker aneinandergereiht; Satzanfang und -ende lassen sich nicht auf Anhieb deutlich voneinander trennen; Zäsuren entstehen erst allmählich im Nachvollzug der wie in Gedanken vorgetragenen Assoziationen, Beobachtungen und Erinnerungen. Dem fließenden Duktus der einzelnen Zeilen entspricht auf der Ebene der syntaktischen Gestaltung die weitgehend parataktische Satzreihung, die eine Nähe zum Prosastil verrät. Die auffallend starke Substantivierung (Z. 6) lässt vermuten, dass die einzeln wahrgenommenen Dinge noch nicht in ihrer Funktion erkannt und innerhalb eines Systems einander zugeordnet sind; vielmehr sind sie nur mehr aus dem Augenblick heraus benannt und eher aufgezählt als zu einer Aussage kombiniert. Das Fehlen jeglicher Interpunktion unterstützt dieses Gestaltungsprinzip des Nicht-Gegliederten.

Es handelt sich bei dem Gedicht insgesamt um einen Prozess, um Bewegung und Ablauf knapp fixierter Beobachtungen, punktuell georteter Dinge, Empfindungen, Erinnerungen und Wünsche. Gedanken und Sprechen halten nicht inne, das lyrische Ich gleitet sozusagen mit den Dingen mit. Die Assoziationen und benannten Dinge werden mit Einschränkungen und Negationen verknüpft. Der Sprachgestus vermittelt den Eindruck, als erwache die Sprecherin gerade aus einem Traum und versuche nun, die einzelnen Elemente aus Traumwelt und Wirklichkeit vorsichtig-zaghaft zusammenzusetzen („Aber was tu ich“, Z. 4; „Ach und ich lief“, Z. 9). So entstehen Gedankensplitter und lose aneinandergereihte Beobachtungen. Die Sprechweise ist einem „inneren Monolog“ vergleichbar. Ihrem Erkenntnisprozess enthüllen sich die Konturen von Landschaft und Bewusstsein.

Die äußere Form des Gedichts scheint diesen allmählich zu sich selbst kommenden Bewusstseinsprozess abzubilden. Es ist in sechs Strophen unterteilt, wovon jeweils drei (die zweite, vierte und die letzte) einen deutlichen Zeileneinzug haben. Die Strophen eins, drei und fünf bestehen jeweils aus drei etwa gleichlangen Zeilen, die eingerückten Strophen aus zwei kürzeren Zeilen.

Lyrisches Sprechen in These und Gegenthese

Die äußere Form verleiht dem Gedichtganzen eine Zweiteilung. Die dreizeiligen Strophen geben vor allem Einzelwahrnehmungen wieder. Der gleichmäßige Rhythmus verschafft ihnen trotz fehlender Reime eine Einheitlichkeit, in der die Einzelwahrnehmungen miteinander verbunden sind. Dagegen drücken die eingerückten Zweizeiler eine Reflexion aus. Sie stellen das soeben Wahrgenommene in Frage oder reagieren kritisch, spontan oder gegensätzlich. Es ist die Struktur von Strophe und Gegenstrophe, von These und Antithese.

1. Strophe: Beim Ruf des Kuckucks zieht das lyrische Ich von der Stadt aufs Land; es schafft Distanz zwischen einem Du und sich selbst: „Grünes grünes Land.“ Die Personifizierung des Flusses ersetzt die Arme der verlassenen Person: „Ich zieh […] zwischen die Arme des Flusses.“

1. Gegenstrophe: Infragestellen der Handlung: „Aber was tu ich“; Erkenntnis der Unfähigkeit, auf dem Land leben zu können: „Verstehe die Stimmen der Krähen nicht.“

2. Strophe: Wahrnehmung von Natur; Idylle und Täuschung wechseln: „Ich sehe […] Pferde sie sind gar nicht da.“

2. Gegenstrophe: Bedauern über das Weglaufen aus der Stadt: „Ach und ich lief.“

3. Strophe: Begegnung mit einem Einsiedler; die „Zeitung“ steht für Kontakt mit der Außenwelt; erste Kommunikation im Gespräch; der Alte besitzt einen Brunnen.

3. Gegenstrophe: Absicht, vierblättrigen Klee für die geliebte Person anzubauen; es wird Nähe hergestellt: Das

lyrische Ich hat den Ort zu seiner Heimat gemacht, es ist auch gedanklich angekommen.
Die Strophen verhalten sich wie Rede und Gegenrede, Beobachtung und Reflexion, Aktion und Reaktion: Im Wechsel macht das lyrische Ich eine Wandlung durch. Es definiert zunächst seine eigene Situation am Beispiel der Nicht-Präsenz des anderen. Es ist dieses Nicht-da-Sein der Geliebten / des Geliebten, woran es sich orientiert. Dennoch ergreift es die Initiative: „Ich zieh ins Haus zwischen die Arme des Flusses“ (Z. 2): eine Metapher, die einen Ort der Geborgenheit herstellt. Sie symbolisiert zudem die Sehnsucht nach menschlicher Nähe.
Wie in einem „Zauberspruch“ wird das grüne Land mit dem wiederholten Attribut beschworen: „Grünes grünes Land“ (Z. 2). Die Wiederholung deutet auf Steigerung im Sinne von „nichts als …“. Die Gegenstrophe gefährdet allerdings die Idylle. Es wirkt wie eine Entzauberung, wenn das lyrische Ich sich eingestehen muss, dass es die Stimmen der Krähen nicht versteht. Es fühlt sich noch nicht zu Hause, noch uneins mit sich selbst.

Beschwörung der Natur

Angesichts der in der nächsten Strophe aufgezählten Bilder erinnert sich das lyrische Ich an die Flucht aus der Stadt, und zwar in der Zeitform des Präteritums. Der Alte, die erste fremde Person, erwähnt den eigenen Besitz angesichts der bevorstehenden Katastrophe. Es kommt einer Art Trotzhandlung gleich, wie das lyrische Ich sein Vorhaben zum Anbau von Klee dagegensetzt: Er soll vierblättrig sein, also Glück bringen. Die Zeitform des Verbs „bau“ (Präsens) hat futurischen Sinn; es öffnet sich der Blick in die Zukunft, und ein Moment der Hoffnung entsteht. Das Ich spricht das Du an, die Person, zu der es zunächst Distanz aufgebaut hat. Das für die Zukunft erhoffte Glück besteht vielleicht in einer Partnerschaft. Das grüne Land hat sich in ein Land des Glücks verwandelt.
Das Gedicht erweist sich in den versetzt angeordneten Strophen als fortlaufende Selbstreflexion des lyrischen Ich. Es ist ein intimes Selbstgespräch über Illusion und Illusionsverlust, über Nähe und Distanz zu einer geliebten Person, mit dem Ausblick auf Versöhnung, vielleicht Vereinigung. Die poetischen Signaturen, die Sarah Kirsch für diesen Vorgang der Selbstreflexion benutzt, stammen aus der Natur, die für Erneuerung und Lebensmut sorgt.

Positive Wirkung von Natur

Die von Bertolt Brecht verlangte reflektierte Haltung dem Naturmotiv gegenüber und seine materialistische Sichtweise auf das traditionelle naturlyrische Genre hatte Naturbildlichkeit und gesellschaftliche Situation miteinander verbunden. In seinem Erbe der praktischen Anwendbarkeit von Lyrik steht Günter Kunert (geb. 1929), der seine Gedichte als Medium zur Aufklärung versteht. In der Auseinandersetzung mit dem real existierenden Sozialismus in der DDR erlangte seine Lyrik subjektiv-utopischen Charakter, wie auch an dem folgenden programmatischen Gedicht „Unterwegs nach Utopia I" erkennbar wird.

Günter Kunert

Unterwegs nach Utopia I

Vögel: fliegende Tiere
ikarische Züge
mit zerfetztem Gefieder
gebrochenen Schwingen
überhaupt augenlos
ein blutiges und panisches
Geflatter
nach Maßgabe der Ornithologen
unterwegs nach Utopia
wo keiner lebend hingelangt
wo nur Sehnsucht
überwintert

Das Gedicht bloß gewahrt
was hinter den Horizonten verschwindet
etwas wie wahres Lieben und Sterben
die zwei flügel des Lebens
bewegt von letzter Angst
in einer vollkommenen
Endgültigkeit.

Natur und Kunst

Das Gedicht ist in zwei unterschiedlich lange Strophen unterteilt. Die erste Strophe beschreibt das Bild eines Vogelflugs. Die zweite Strophe stellt die Lehre auf, die aus der Beschreibung des Naturvorgangs für das Gedicht und für den Menschen zu ziehen ist. Es geht um das Verhältnis von Natur und Kunst.

Utopie als Ort der Sehnsucht

Die Vögel, die nach den von den Ornithologen aufgestellten Gesetzen „unterwegs" sind, um das Land zu erreichen, in dem sie überwintern können, bieten ein Bild grausamen Zugerichtetseins; sie sind verletzt, beinahe unfähig zu fliegen. Die einzelnen Gedichtzeilen markieren den Zustand der Vögel, indem sie den Blick immer genauer auf die Art und Weise ihrer Verletzungen richten. Werden sie zunächst noch als Tiere definiert, zu deren wesensmäßiger Eigenschaft die Flugfähigkeit gehört („Vögel: fliegende Tiere", Z. 1; der Doppelpunkt kennzeichnet eine Art lexikalische Begriffsbestimmung), so ist es genau diese Wesenseigenschaft, die in den folgenden Zeilen nach und nach deformiert wird: Sie fliegen „mit zerfetztem Gefieder" (Z. 3), was daran liegt, dass ihre „Schwingen" gebrochen sind (Z. 4); das Wort „überhaupt" leitet die Steigerung zu der das Gesamtbild umfassenden Beschreibung „augenlos" ein (Z. 5). Ihre Züge sind orientierungslos, ihr Bild ist „ein blutiges und panisches / Geflatter" (Z. 6 f.). Da ihnen die eigenständige Orientierung weitgehend genommen ist, sind sie nur noch „nach Maßgabe der Ornithologen" (Z. 8) unterwegs, ihr Flug ist sozusagen auf die empirisch-wissenschaftliche Beschreibbarkeit reduziert, auf das, was von Vögeln und Vogelzug „ornithologisch" bekannt ist. Ihr Ziel wird mit „Utopia" angegeben, also ein Nirgendwo (von griech. *ou* ‚nicht' und *tópos* ‚Ort'). Ein Leben ist dort nicht möglich, weil es zum Wesen des Utopischen gehört, dass ein Ideal dargestellt wird. Die Ausrichtung am Utopischen bedeutet immer, dass die gegenwärtige Realität als unzulänglich betrachtet wird; die Utopie weist über sie hinaus und hat einen kritischen und die aktuelle Realität verändernden Sinn. Die Aussage der letzten beiden Zeilen der 1. Strophe, dass allein die Sehnsucht dort überwintert, wäre demnach positiv zu verstehen. Mit dem Begriff „Utopia" spielt Kunert auf den von Sir Thomas More 1515/16 in lateinischer Sprache verfassten Staatsroman *Utopia* an, der mit seiner Darstellung idealer Lebensverhältnisse deutlich Kritik an den damaligen politischen und gesellschaftlichen Verhältnissen Europas, insbesondere Englands, übt.

Natur = Bildspender; Kunst = Bildempfänger

Die 2. Strophe spricht vom Gedicht selbst, greift aber mit den Bildern vom Horizont („was hinter den Horizonten verschwindet", Z. 14) und den Flügeln („die zwei Flügel des Lebens“, Z. 16) auf die in der 1. Strophe verwendeten Bilder vom Vogelflug zurück. Die parallele Anordnung der Bereiche Natur und Kunst („Vögel“: 1. Strophe, 1. Zeile – „Gedicht“: 2. Strophe, 1. Zeile) zielt auch auf eine Parallelität im Aussagenbereich. Daraus folgt, dass die bildlichen Aussagen der 1. Strophe als Bildspender, die gedanklichen Aussagen der 2. Strophe als Bildempfänger zu verstehen sind.

Beide Aussagenbereiche werden in Hinsicht auf das zu erreichende Ziel miteinander verglichen. So wie die ikarischen Züge der Vögel das Ziel ihrer Befreiung vor sich haben, so peilt das Gedicht mit seinen Aussagen einen Zustand der Freiheit an. Was die Vögel nicht erreichen („wo keiner lebend hingelangt“, Z. 10), wird vom Gedicht – immerhin – erkannt: „Das Gedicht bloß gewahrt“ (Z. 13). Wendet man sich nun den sprachlichen Merkmalen, die zwischen Bild und Gedanke vermitteln können, im Einzelnen zu, so stößt man zunächst auf den Ikarus-Mythos. Er ist im Attribut „ikarisch“ angesprochen. Ikarus, der Sage nach mit seinem Vater Dädalus auf der Insel Kreta gefangen, wagte mit diesem die Flucht auf künstlichen Schwingen und kam dabei um. Mit dem Namen des Ikarus verbinden sich die Idee der Freiheit, der Flucht aus der Enge und das kühne Unterfangen. In der literarischen Tradition ist der Name zum Symbol der von keinem äußeren Zweck beherrschbaren Kunst und dichterischen Existenz geworden. DDR-Lyriker haben dieses Symbol in ihrer Dichtung wiederaufleben lassen und in verschiedener Weise, je nach der historischen Situation, modifiziert und aktualisiert. Dem Kern der Sage gemäß kommt es weniger darauf an, ob Ikarus das Land der Zuflucht erreicht; vielmehr geht es darum, dass er den Aufbruch als solchen wagt und damit das Unmögliche, das in dem Unternehmen liegt, einem Leben in der Tyrannei vorzieht. Insofern haftet der ikarischen Intention zwar das Unerreichbare an, aber der Aufbruch ist ihr wesensmäßiges Element.

Flug der Vögel

Ebenso steht der Flug der Vögel unter dem Zeichen, niemals an ein Ende zu gelangen. Allein wichtig ist, dass sie fliegen und dass sie unterwegs sind. Der Titel „Unterwegs nach Utopia“, der sich in Z. 9 wiederholt, stellt deutlich heraus, dass es auf das Unterwegssein ankommt: auf den Sog, der von dem verlockenden Land, das keiner

„lebend“ erreicht, ausgeht. So erfindungsreich man sich auch gegeben hat, das Land „Utopia“ die Insel der Seligen mit einer sozialgerechten Staatsordnung, auszumalen, so entscheidend ist für seine Wesensbestimmung, dass es nicht erreicht werden kann. Es repräsentiert das Prinzip Hoffnung.

Erkenntnisfunktion von Lyrik

Im Verb „gewahren“ steckt im Sinne von ‚etwas gewahr werden‘ der prozessuale Charakter der Erkenntnis, so dass es die Bedeutung von ‚auf etwas zugehen, etwas ausmachen, etwas als wahr erkennen‘ hat. Das Objekt dieser Erkenntnis gibt das lyrische Ich mit der Wendung „etwas wie wahres Lieben und Sterben“ (Z. 15) an. Der Gleichlaut des Verbs „gewahren“ mit dem Adjektiv „wahr“ betont ihre Gemeinsamkeit. Es ist allein („bloß“ im Sinne von ‚ausschließlich‘) dem Gedicht vorbehalten, „wahres Lieben und Sterben“ zu erkennen und auszudrücken. Dass sich diese „wahrhaften“ Bereiche menschlichen Lebens („die zwei Flügel“, Z. 16) nicht eindeutig bezeichnen, sondern nur als etwas Unbestimmtes anvisieren lassen, ist mit dem Indefinitpronomen „etwas“ umschrieben. Außerdem lässt sich nur so viel davon aussagen, dass es „hinter den Horizonten verschwindet“.

Kern des Gedichts ist also die Verweigerung gegenüber jeglicher Festlegung. Sie bewahrt die utopischen Gedanken vor dem ideologischen Zugriff realer politischer Systeme. Die Intention des Gedichts besteht darin, dass das utopische Freiheitsdenken nicht vereinnahmt werden möge; das Gedicht selbst darf sich außerliterarischen Zweckorientierungen nicht verschreiben („zwecklos und sinnvoll soll es sein“, wie Günter Kunert in dem Gedicht „So soll es sein“ sagt). Es würde den Charakter des Utopischen verkennen, wollte man den Gedichtschluss so verstehen, dass sich „wahres Lieben und Sterben“ in einer endgültigen, d. h. bestimmten Gesellschaftsform realisieren ließe. Das Bild von den Flügeln (vgl. Z. 16) widerspricht einer solchen Deutung. Die Vision von einer besseren Welt hat sich in immer neuen Formen des Widerspruchs gegen die unbefriedigende Gegenwart zu widersetzen. Um diese Konzeption zu verwirklichen, verwendet Kunert Naturbilder, die von sich aus bereits auf den Utopiegedanken verweisen.

In ihrer theoretischen Abhandlung zur Funktionsbestimmung moderner Lyrik schreibt Hilde Domin: „Lyrik lädt uns ein zu der einfachsten und schwierigsten aller Begegnungen, der Begegnung mit uns selbst.“ (Hilde Domin, *Wozu Lyrik heute. Dichter und Leser in der gesteuerten Gesellschaft*, München: Piper, 1975, S. 14) An dem folgenden, 1959 erstveröffentlichten Herbstgedicht soll gezeigt werden, wie diese Begegnung formuliert ist.

Hilde Domin

Herbst

Das Haus der Vögel entlaubt sich.
Wir haben Angst vor dem Herbst.
Manche von uns
malen den Toten das Gesicht
wenn sie fortziehn.
Denn wir fürchten den Winter.

Eine alte Frau, die vor uns stand,
war unser Windschutz,
unser Julilaub,
unsere Mutter,
deren Tod
uns
entblößt.

Jahreszeiten als Metapher für die Lebensalter des Menschen

In der Lyrik-Tradition sind Jahreszeiten-Gedichte immer ein Hinweis auf das Lebensalter der Menschen. So weisen Frühling und Sommer auf Jugend und Mitte des Lebens hin; der Herbst umfasst die Spanne des Alterns, der Winter steht für Sterben und Tod. Das vorliegende Gedicht nennt explizit den Herbst im Titel. Damit konfrontiert es den Leser mit seiner Einstellung zu Alter und Tod.
Das Gedicht ist in eine sechs- und eine siebenzeilige Strophe gegliedert. Die einzelnen reimlosen Zeilen sind von unterschiedlicher Länge. Auffallend ist, dass die Wortverteilung gegen Ende der 2. Strophe abnimmt: drei Wörter in Z. 9–11, je ein Wort in den Z. 12 und 13. Satz- und Zeilenende sind unterschiedlich verteilt. Die Zeilen 4–6 sowie die gesamte 2. Strophe, die nur aus einem einzigen Satz besteht, zeigen Zeilenenjambement. Typisch für moderne Gedichte sind die Reimlosigkeit

und ein Rhythmus, der sich der natürlichen Sprachmelodie anpasst. Entweder stimmen Satz- und Zeilenende überein oder die einzelnen Satzteile und Worte sind auf verschiedene Zeilen verteilt. Dadurch entstehen spannungsreiche Zäsuren und besondere Betonungen.

Natur als Bild der Heimatlosigkeit

Auffallend ist, dass das Gedicht nicht einfach Naturbilder nennt, sondern diese sofort in einen gedanklichen Bereich überträgt: „Das Haus der Vögel entlaubt sich." Durch den Erfahrungsvorrat unserer Lebenswelt ist einsichtig, was gemeint ist. Das Wort „entlauben" und der Kontext der Jahreszeit „Herbst" lassen die Metapher vom „Haus der Vögel" zunächst als Baum identifizieren, der im Herbst seine Blätter verliert und damit die in ihm nistenden Vögel heimatlos macht. Die Spanne des gesamten Bildes bleibt allerdings im Sinnbezirk der Natur, auch wenn mit „Haus" ein Gegenstand aus der menschlichen Welt genannt ist.

Mit der Einführung des lyrischen Ich wird der angesprochene Sinnbezirk erweitert: „Wir haben Angst vor dem Herbst." (Z. 2) Die menschliche Grundbefindlichkeit der Angst richtet sich auf das Alter als unmittelbar dem Tod vorausgehend. Dabei wird die in der 1. Zeile mitgemeinte Schutzlosigkeit der Vögel auf den menschlichen Bereich übertragen. „Entlauben" meint nun so viel wie den Verlust eines Schutzes, einer Heimstatt. Dass hier die Angst vor dem Tod assoziiert ist, verdeutlicht das nächste Bild: „Manche von uns / malen den Toten das Gesicht" (Z. 3 f.). Vorausgesetzt ist die Kenntnis des Rituals, bei der Aufbahrung Verstorbener diese noch einmal durch Farbauftrag auf dem Gesicht so herzurichten, dass sie wie lebend aussehen. Betrachtet man diesen Brauch kritisch, dann verrät er, wie wenig die Menschen mit dem Tod umgehen können; es ist die Verdrängung des Todes, nicht aber die respektvolle Haltung gegenüber der Würde des Toten, die darin zum Ausdruck kommt. Wird dieser Brauch hier als Flucht vor dem Tod zitiert? Die folgende Begründung legt dies nahe: „Denn wir fürchten den Winter" (Z. 6). Die Pluralform des Pronomens lässt die Furcht als allgemeinmenschlich erscheinen.

Natur als Bild existenzieller Sorge

Die 2. Strophe konkretisiert die in der 1. Strophe noch allgemeinen Vorstellungen von der Einstellung zum Tod. Dabei verbinden sich wieder die Bereiche von Naturbildlichkeit und gedanklicher Verarbeitung. Es ist offenbar der Tod der Mutter, der von Anfang an im Mittelpunkt stand, aber noch nicht so klar benannt werden konnte, vielleicht aus Schmerz, vielleicht aus Furcht, vielleicht auch, weil man nach Auswegen suchte, den Tod zu verdrängen. Das Bild vom entlaubten Baum erhält jetzt eine existenzielle Bedeutung: So wie der Baum für die Vögel durch den Herbst schutzlos geworden ist, so sind „wir" durch den Tod der Mutter „entblößt". Und so wie die Blätter des Baums den Vögeln ein Windschutz waren, so war die Mutter den Kindern „Windschutz". Sie bewahrte vor den Widrigkeiten des Lebens: „[…] die vor uns stand" (Z. 7). Die Metapher vom „Julilaub" (Z. 9) greift auf den Sommer zurück, d. h. auf die Mitte des Lebens, in der die Mutter Schutz gewährte.

Bedeutung der Jahreszeiten

Das Naturbild vom entlaubten Baum weist mit der anaphorischen Verbindung von „entlaubt" (Z. 1) zu „entblößt" (Z. 13) auf den Bereich des menschlichen Lebens hin. Die Einzelstellung der Wörter in den letzten beiden Zeilen des Gedichts markiert die Vereinzelung des Menschen, wenn die schützende und bewahrende Person fehlt. Deren Verlust ist offenbar Ausgangspunkt für das Gedicht. Mit dem Verweis auf die zyklische Wiederkehr der Jahreszeiten vermag die Natur zwar einen Trost zu spenden; darüber hinaus muss der Mensch aber zu einer eindeutigen Haltung gegenüber dem Tod gelangen, wenn er Angst und Furcht bewältigen will. Gerade indem das Gedicht eindrückliche Bilder verwendet, zeigt es, dass der Mensch der Begegnung mit sich selbst – wie Hilde Domin es formuliert – nicht entkommen kann.

Nora Bossong

Worpswede

In der hundertstimmigen Landschaft
hören wir eins: Über die Wiese ist Frost gezogen.
Winterbäume. Eine Krähe ringt mit der Eisluft.

Niemand, heißt es, könne Kälte leiden. Wir aber
auf diesem Hügel wünschen den Winter eben so,
als Spaziergang über dieses Gras.

Unsere Schritte klingen und die Krähe klingt
und das Biegen der gefrorenen Äste. Alles
hält die Kälte in ihrer Stimme

und sie zittert, ein Kind im Eis. Hör doch
du irrst, wir sprechen nicht: Es liegt nördlich
ein Moor, das bricht.

Das Gedicht findet sich in dem 2011 veröffentlichten Gedichtband *Sommer vor den Mauern*, und sein Titel beschwört die Landschaft der Heide und des Moors um Worpswede, dem Ort, der bekannt ist für die 1889 gegründete Künstlerkolonie, einer Lebens- und Arbeitsgemeinschaft von Künstlern. Mit der Wendung von der „hundertstimmigen Landschaft“ (Z. 1) spielt Nora Bossong auf eine Formulierung Rainer Maria Rilkes an, der selbst zur Künstlerkolonie gehörte und in dem theoretischen Text *Worpswede* (1905) von Gesprächen schrieb, „an denen die Landschaft teilnimmt, von allen Seiten und mit hundert Stimmen“.

Stimme der Natur

Die Natur bekommt in dem vierstrophigen Gedicht ein selbstbestimmtes Eigenleben. Es ist die Landschaft, die von sich aus zum Menschen spricht und deren Laute „wir“ wahrnehmen: „In der hundertstimmigen Landschaft / hören wir eins“ (Z. 1 f.). Gewohnt, allein den Menschen intentionale Handlungen zuzusprechen, ist den Menschen der Moderne der Gedanke fremd, dass Natur über eine Sprache verfügen solle. Es sind aber nicht personifizierte Landschaftselemente, die den Menschen „ansprechen“. Deutlich mahnt die letzte Strophe: „Hör doch / du irrst, wir sprechen nicht: Es liegt nördlich / ein Moor, das bricht“ (Z. 10–12). Wiederholt wird das Hören genannt, das aufmerksame Hinhören, das die Laute der Natur wahrnehmen lässt. Freilich stellt sich die Frage, ob der moderne Mensch in der Lage ist, für die Belange der Natur „Augen und Ohren“ zu haben.

Verbindung von Mensch und Natur

Die einzelnen Strophen beschreiben eine vom Menschen „gehörte“ winterliche Landschaft. In jeder einzelnen Strophe wird bewusst herausgestellt, dass „wir“ es sind, die in der Natur anwesend sind und ihre Elemente wahrnehmen. Zwischen diesen akustischen und gedanklichen Bezugspunkten entfaltet sich die Landschaft.

Leidende Natur

In der 1. Strophe wird zunächst die Kälte des über die Wiesen gezogenen Frostes beschrieben. Die Bäume werden als „Winterbäume“ identifiziert und es wird wahrgenommen, wie eine Krähe „mit der Eisluft“ (Z. 3) ringt.

Die 2. Strophe wendet die Wahrnehmung von der in der Eisluft leidenden Krähe zurück auf das Kälteempfinden des Menschen: „Niemand, heißt es, könne Kälte leiden" (Z. 4). Hier deutet sich die Identifizierung mit dem leidenden Lebewesen an. Der einsetzende Widerspruch „Wir aber" (Z. 4) setzt die vom Menschen „gewünschte" Winterlandschaft gegen den Überlebenskampf des Vogels. Was für den Menschen das Erlebnis des Winters lohnt, ist dem Tier ein Verhängnis. Die 3. Strophe parallelisiert das „Klingen" der menschlichen Schritte mit dem „Klingen" der Krähe und dem „Biegen der gefrorenen Äste" (Z. 8). Der gleiche Klang macht deutlich, dass es eine Verbindung, einen Gleichklang, eine Sympathie zwischen Mensch und Tier, zwischen Mensch und Natur gibt. Diese Einheit wird darauf wie in einer Schlussfolgerung zusammengefasst: „Alles / hält die Kälte in ihrer Stimme" (Z. 8 f.). Unvermittelt, ausgedrückt durch das Strophenenjambement, wird die allgemeine Feststellung auf die Krähe übertragen: „und sie zittert, ein Kind im Eis" (Z. 10). Der Überlebenskampf der Krähe im Eis weckt beim lyrischen Ich beschützende Empfindungen. Äußere Umgebung und innerseelische Regungen sind eins. Die Natur lässt den Menschen nicht unempfindlich sein. Der folgende Appell richtet sich an die anderen Spaziergänger, die den Laut der Krähe nicht vernehmen, und damit gleichzeitig an den Leser: „Hör doch / du irrst, wir sprechen nicht" (Z. 10 f.). Der Hinweis auf das Gespräch bedeutet, dass es nicht die Menschen sind, die das Geschehen bestimmen, sondern die Natur selbst, die „um Hilfe ruft". Das abschließende Bild weist auf die zerbrechende Eisfläche über dem Moor hin: „ein Moor, das bricht" (Z. 12). Vielleicht ist damit die Andeutung verknüpft, dass sich die Krähe aus dem Eis befreit.

Verantwortung des Menschen für Natur

Natur erscheint in Nora Bossongs Gedicht nicht als Refugium, in dem Genuss und Anschauung wirksam sind. Das kleine Tableau eines winterlichen Spaziergangs vor der „hundertstimmigen Landschaft" fordert einen anderen Umgang mit der Natur. Natur verlangt zum Überleben die Verantwortungsbereitschaft des Menschen und die bewusste Teilnahme an ihren Lebensvollzügen.

Diese Einstellung wird gerade in der Moderne wichtig, in der die Natur weithin die Rolle als existenzielles Orientierungs- und Deutungsmuster verloren hat. Sie wird vorwiegend unter dem Aspekt ihrer technischen Nutzbarmachung begriffen, und ihre Bemächtigung bewirkt die Naturfremdheit des Menschen – auch im Verhältnis zu seiner eigenen Natur. Auf beides sollte der Mensch aufmerksam werden: „Hör doch / du irrst“ könnte zum Leitspruch seiner eigenen Aufklärung werden. Im Gegenzug zur Unterwerfung der Natur hat seit der massiven Naturzerstörung und der ökologischen Diskussion der letzten Jahrzehnte eine erneute, umweltethisch folgenreiche Besinnung auf Natur Einzug gehalten, die zeigt, dass die verschiedenen Daseinsbereiche unserer Gesellschaft nicht ohne den Rückbezug auf die Natur auskommen werden.

Verzeichnis der Autoren, Gedichttitel bzw. -anfänge und Quellen

Bossong, Nora (geb. 1982)

N. B.: Sommer vor den Mauern. Gedichte. München: Hanser, 2011. (Edition Lyrik Kabinett.) S. 69. © Carl Hanser Verlag München 2011.

Brecht, Bertolt (1898–1956)

B. B.: Ausgewählte Werke in sechs Bänden. Jubiläumsausgabe zum 100. Geburtstag. Bd. 3: Gedichte 1. Frankfurt a. M.: Suhrkamp, 1997. © Suhrkamp Verlag Frankfurt am Main 1997. (2) S. 349–351. (1) Bd. 4: Gedichte 2. S. 306. Z. 18–22.

Domin, Hilde (1909–2006)

H. D.: Gesammelte Gedichte. Frankfurt a. M.: S. Fischer, 1987. S. 120. © 1987 S. Fischer Verlag GmbH, Frankfurt am Main.

Eichendorff, Joseph Freiherr von (1788–1857)

J. v. E.: Werke. Hrsg. von Wolfdietrich Rasch. München: Hanser, 2007. S. 30 f. und 271 f.

Enzensberger, Hans Magnus (geb. 1929)

H. M. E.: Gedichte. Die Entstehung eines Gedichts. Frankfurt a. M.: Suhrkamp, 1963. S. 30 f. © Suhrkamp Verlag, Frankfurt am Main 1963.

Fried, Erich (1921–1988)

E. F.: Die Freiheit den Mund aufzumachen. Achtundvierzig Gedichte. Berlin: Wagenbach, 1981. S. 25. © 1972 Verlag Klaus Wagenbach, Berlin.

George, Stefan (1868–1933)

St. G.: Sämtliche Werke in 18 Bänden. Hrsg. von der Stefan George-Stiftung. Bd. 4: Das Jahr der Seele. Stuttgart: Klett-Cotta, 1982. S. 12.

Goethe, Johann Wolfgang (1749–1832)

J. W. G.: Gedichte. Hrsg. und komm. von Erich Trunz. 16., durchgesehene Aufl. München: C.H. Beck, 1996. (1) S. 42–44. (2) 27 f. (3) S. 102 f. (4) S. 245. (5) S. 142. (7) S. 294. (8) S. 30 f.
J. W. G.: Poetische Werke. Bd. 2. Berlin/Weimar: Aufbau-Verlag, 1960 ff. S. 185 f. (6).

Heine, Heinrich (1797–1856)

H. H.: Sämtliche Schriften in zwölf Bänden. Hrsg. von Klaus Briegleb. München: Hanser, 1976. Bd. 1: S. 108 (1), S. 64 (2); Bd. 7: S. 327 (3).

Heym, Georg (1887–1912)

G. H.: Dichtungen und Schriften. Gesamtausgabe. Hrsg. von Karl Ludwig Schneider. Bd. 1: Lyrik. Hamburg/München: Heinrich Ellermann, 1964 / München C. H. Beck, 1981. S. 135.

Hölderlin, Friedrich (1770–1843)

F. H.: Sämtliche Werke und Briefe. Bd. 1. München: Hanser, 1978. S. 237 f.

Kaschnitz, Marie Luise (1901–1974)

M. L. K.: Gesammelte Werke. Hrsg. von Christian Büttrich und Norbert Miller. Bd. 5: Die Gedichte. Frankfurt a. M.: Insel Verlag, 1985. S. 315. © Insel Verlag Frankfurt am Main 1985.

Keller, Gottfried (1819–1890)

G. K.: Sämtliche Werke. Bd. 1. Herausgegeben von Kai Kauffmann. Frankfurt a. M.: Deutscher Klassiker Verlag, 1995. S. 188.

Kirsch, Sarah (1935–2013)

S. K.: Werke in fünf Bänden. Bd. 1: Gedichte 1. München: Deutscher Taschenbuch Verlag, 2000. S. 129 und 89. © 1999 Deutsche Verlags-Anstalt, Stuttgart.

Kunert, Günter (geb. 1929)

G. K.: Warnung vor Spiegeln. Unterwegs nach Utopia. Abtötungsverfahren. Gedichte. München: Deutscher Taschenbuch Verlag, 1982. S. 154.

Meckel, Christoph (geb. 1935)

Ch. M.: Säure. Gedichte. Düsseldorf: Claassen, 1979. S. 35. Copyright © 1979 by claassen Verlag GmbH, Düsseldorf.

Meyer, Conrad Ferdinand (1825–1898)

C. F. M.: Werke in vier Bänden. Bd. 1. Zürich: Stauffacher Verlag, 1975. S. 113.

Mörike, Eduard (1804–1875)

E. M.: Sämtliche Werke. Hrsg. von Herbert G. Göpfert. 5. Aufl., München: Hanser, 1976. S. 100 f.

Rilke, Rainer Maria (1875–1926)

R. M. R.: Sämtliche Werke. Hrsg. vom Rilke-Archiv. Bd. 1. Wiesbaden: Insel Verlag, 1955. S. 519.

Storm, Theodor (1817–1888)

Th. S.: Sämtliche Werke in zwei Bänden. Bd. 2. München. Winkler, 1951. S. 944.

Trakl, Georg (1887–1914)

G. T.: Werke. Entwürfe. Briefe. Hrsg. von Hans-Georg Kemper und Frank Rainer Max. Stuttgart: Reclam, 1984. S. 83 f. und 39.

Literaturhinweise

Domin, Hilde: *Wozu Lyrik heute. Dichtung und Leser in der gesteuerten Gesellschaft.* 3. Aufl., Frankfurt a. M.: Fischer Taschenbuch Verlag 2005.

Duden Abiwissen Deutsch – Lyrik und Gedichtinterpretation. Mannheim: Bibliographisches Institut 2010.

Frank, Horst Joachim: *Wie interpretiere ich ein Gedicht?* Berlin: Ullstein 2003.

Friedrich, Hugo: *Die Struktur der modernen Lyrik.* Veränderte Neuaufl., Hamburg: Rowohlt 2006.

Lamping, Dieter: *Das lyrische Gedicht. Definitionen zu Theorie und Geschichte der Gattung.* Göttingen: Vandenhoeck & Ruprecht 1989.

Liessmann, Konrad Paul: *Ästhetische Empfindungen.* Wien: Facultas 2009.

Pasche, Wolfgang: *Abiturwissen Deutsch. Literaturgeschichte.* Stuttgart: Klett 2013.

Safranski, Rüdiger: *Romantik. Eine deutsche Affäre.* München/Wien: Hanser 2007.

Schlaffer, Heinz: *Die kurze Geschichte der deutschen Literatur.* München: Hanser 2002.

Prüfungsaufgaben und Lösungen

1. Das Naturbild der Nacht
2. Motiv der Abenddämmerung
3. Ein Dichter in zwei Epochen
4. Motiv des Baums
5. Natur und Liebe

1 Das Naturbild der Nacht

Eduard Mörike: Um Mitternacht

Gelassen stieg die Nacht an Land,
Lehnt träumend an der Berge Wand,
Ihr Auge sieht die goldne Waage nun
Der Zeit in gleichen Schalen stille ruhn;
Und kecker rauschen die Quellen hervor,
Sie singen der Mutter, der Nacht, ins Ohr
Vom Tage,
Vom heute gewesenen Tage.

Das uralt alte Schlummerlied,
Sie achtets nicht, sie ist es müd;
Ihr klingt des Himmels Bläue süßer noch,
Der flüchtgen Stunden gleichgeschwungnes Joch.
Doch immer behalten die Quellen das Wort,
Es singen die Wasser im Schlafe noch fort
Vom Tage,
Vom heute gewesenen Tage.

Sarah Kirsch: Die Nacht streckt ihre Finger aus

Die Nacht streckt ihre Finger aus
Sie findet mich in meinem Haus
Sie setzt sich unter meinen Tisch
Sie kriecht wird groß sie windet sich

Und der Rauch schwimmt durch den Raum
Wächst zu einem schönen Baum
Den ich leicht zerstören kann –
Ich rauche einen neuen, dann

Zähl ich alle meinen lieben
Freunde an den Fingern ab
Es sind zu viele Finger, die ich hab
Zu wenig Freunde sind geblieben

Streckt die Nacht die Finger aus
Findet sie mich in meinem Haus
Rauch schwimmt durch den leeren Raum
Wächst zu einem Baum

Der war vollbelaubt mit Worten
Worten, die alsbald verdorrten

Schiffchen schwimmen durch die Zweige
Die ich heut nicht mehr besteige.

Aufgabenstellung

Interpretieren Sie die Gedichte hinsichtlich der verwendeten Bilder für die Nacht.

Lösung

Zu Mörikes Gedicht:

„Um Mitternacht" ist 1826 entstanden, es besticht durch seine einprägsame Bildlichkeit und Musikalität. Beides dient dazu, vor den Augen des Lesers die mitternächtliche Szenerie lebendig werden zu lassen. Das Thema des Gedichts scheint von der Überschrift her klar zu sein; es ist die Tag-Nacht-Grenze, jener Zeitpunkt, an dem die Nacht ihren tiefsten Stand erreicht.

Formale Elemente:

- 2 gleichgebaute Strophen;
- Reimstruktur: Paarreime, männliche Kadenzen mit Ausnahme der letzten beiden Zeilen jeder Strophe (Abgesang), die identisch reimen und als Kehrreim auftreten; unmittelbar aufeinanderfolgender Reim „Joch – doch" (ähnlich wie Schlagreim);
- Wechsel des Metrums zwischen Jamben und Daktylen;
- Zeilenenjambement: Z. 3 und 4, 6 und 7, 14 und 15;
- Wechsel von hellen und dunklen Vokalen;
- Entgegensetzung von Tag und Nacht, von Vergänglichem und Beständigem; die Vergänglichkeit der Zeit steht dem intensiv erlebten Augenblick der Mitternacht gegenüber;
- Wechsel von Präteritum und Präsens;
- Wechsel von Bewegung und Zeitstillstand;
- Synästhesie (= Verschmelzung der Sinneseindrücke): Die Farbe Blau wird zum Klang;
- Bilder: „die goldne Waage", „gleichgeschwungnes Joch" (= Schultertrage für Wassereimer), das Bild bezeichnet die Symmetrie von Tag und Nacht „in gleichen Schalen");
- Oxymoron: „vom heute gewesenen Tage" (die beiden Attribute „heute" und „gewesen" widersprechen sich und werden dennoch als ein Bild zusammengefügt);
- Personifizierung: Nacht als Muttergestalt, Quellen als Kinder der Mutter Nacht;
- Pars pro toto (Synekdoche): „Stunden" steht für die Zeit im Allgemeinen.

Interpretation: Der Gegenstand des Gedichts ist der Zeitpunkt der Mitternacht. An dieser Grenze scheint die Zeit für einen Augenblick stillzustehen; die messbare (vergangene und zukünftige) Zeit ist auf beiden Seiten die gleiche, versinnbildlicht in den „gleichen Schalen". Das nur momentan eintretende Stillstehen lässt sich am gestauten Rhythmus ablesen, der im Kehrreim nach dem Wort „Tage" (Z. 7 und 15) als kleine Pause zu lesen ist. Der Nacht sind die ruhig alternierenden Jamben in den

ersten beiden Zeilen zugeordnet, während dem kecken Rauschen und Singen der Quellen der Wechsel von Jamben und Daktylen entspricht. Dem lebendigeren Bild wird also ein lebhafteres Metrum zugeordnet. Damit wird der inhaltliche Gegensatz zwischen der ruhigen und ausgleichenden Nacht und der verfließenden Zeit des Tages durch das formale Element des Metrums rhythmisiert.
Fazit: Die Nacht stellt als genauer Mittelpunkt zwischen den beiden Zeitsystemen und als Ort der Reflexion einen Ausgleich her. Zu beiden Seiten ist der Tag, der vergangene wie der zukünftige, mit seiner Flüchtigkeit und den vergänglichen Alltagsbeschäftigungen vorstellbar. Der vergangene Tag wird noch einmal überdacht, seine Wirkung klingt nach. Das Beständige wird der Nacht zugeordnet; das Flüchtige, die ständige Bewegung, das Veränderliche und Vergängliche dem Tag.

Zu Sarah Kirschs Gedicht:

Die zentralen Aspekte dieses in dem Gedichtband *Zaubersprüche* von 1973 veröffentlichten Gedichts von Sarah Kirsch (1935–2013) werden in den Wörtern Nacht, Haus, Raum, Rauch, Baum und Worten festgehalten. Handelt es sich hierbei noch um reale Objekte, so stellen die Zusammenhänge, in denen diese stehen, den Leser vor Unwirkliches und Unverständliches. Die nachvollziehbare Gegenständlichkeit gleitet plötzlich ins Imaginäre ab. Was bleibt, ist etwas Beunruhigendes, das sich nicht einfach zu einer Bedeutung oder realen Information auflösen lässt. Das ist das Rätselhafte an Sarah Kirschs Gedicht. Im Vorwort zu ihrem Gedichtband spricht sie von der magischen Kraft ihrer Worte; ob damit angedeutet ist, dass unsere Wirklichkeit sich verzaubern lässt, dass das dichterische Wort zum Zauberspruch werden soll, der die Wirklichkeit einfängt und verändert, bleibt zunächst offen.
Die ersten Zeilen stellen die Nacht als etwas Bedrohliches dar. Sie wird personifiziert und mit Handlungsverben kombiniert, die allesamt den unheimlichen, besitzergreifenden Charakter betonen: Sie „streckt ihre Finger aus", „Sie findet mich", „Sie setzt sich", „Sie kriecht", sie „wird groß sie windet sich". Die negative Sicht erklärt sich daraus, dass die Nacht offenbar das lyrische Ich beherrschen will. Sie will Besitz ergreifen; sie dringt ins Haus, den Ort der Sicherheit und Geborgenheit, ein; sie platziert sich unter den Tisch, ist also bei Gesprächen, beim Essen und Denken – wie bei einem Lauschangriff – anwesend. Die Verben „kriechen" und „sich winden" lassen die Nacht als Schlange erscheinen.
Die Veränderbarkeit der Gegenstände und die eingeschränkte Handlungsmöglichkeit, ja Passivität des lyrischen Ich bestimmen den Fortgang des Gedichts. Die zweite Strophe spricht vom Rauch, der durch den Raum „schwimmt", der sich in einen schönen Baum verändert, der wiederum von der Sprecherin zerstört werden kann, um daraufhin mit dem Mittel des Rauchens einen neuen zu schaffen. Es geht um Zerstörung und Verwandlung.
Die dritte Strophe nennt das Abzählen der lieben Freunde an den Fingern, es geht um das Sich-Vergewissern dessen, was einem geblieben ist: um Freundschaft und Halt. Die vierte Strophe greift die erste Gedichtzeile vom Ausstrecken der Nachtfinger auf, setzt diese Aussage allerdings unter das Vorzeichen der Bedingung oder der zeitlichen Verzögerung: „Streckt die Nacht die Finger aus." Die Aussage ist mehrdeutig. Ihre Unbestimmtheit weist darauf hin, wie wenig die Bedrohung zu erkennen ist und wie sehr sie bereits vom Innerseelischen der sprechenden Person Besitz ergrif-

fen hat. Die Haltung des lyrischen Ich ist also Distanz; es überlegt, wie es wäre, wenn die Nacht ihre Finger ausstrecken würde. Rätselhaft ist, dass der Raum, in den die Nacht sich hineinstrecken könnte, als leer beschrieben wird, obwohl doch hier das lyrische Ich lebt: „Findet sie mich in meinem Haus."
Die zum Baum verwandelte Nacht wird in der letzten Strophe als Wort-Baum enthüllt; dies lässt sich als Sinnbild für Sprache und Kommunikation, für Dichtung und Literatur im Allgemeinen verstehen. Auffallend ist die hier verwendete Zeitform des Präteritums, die andeutet, dass die Zeit des Sprechens offenbar vergangen ist. Das wird verstärkt durch das gleichzeitig im Endreim und im Binnenreim verwendete Wortpaar „Worten – verdorrten". Es scheint, dass die Worte ihre Funktion als Bedeutungsträger verloren haben und insofern die Kommunikation unterbrochen ist. Die Worte haben die Kraft der Mitteilung eingebüßt.

Formale Elemente:

- Fünf Strophen zu je vier Zeilen;
- Wechsel von Jambus und Trochäus;
- das Reimschema ist der Paarreim mit Ausnahme der dritten mittigen Strophe, die aus einem umarmenden Reim besteht;
- die Kadenzen sind in der 3. Strophe zum ersten Mal weiblich. In den ersten beiden Strophen und in der vierten sind die Kadenzen ausschließlich männlich; in der fünften sind sie nur noch weiblich.
- Personifizierungen der Nacht, des Rauches, der Schiffchen;
- Alliteration: Rauch – Raum, Freunde – Finger;
- Gegensatz: zu viele Finger – zu wenig Freunde;
- spärliche Interpunktion;
- Wechsel der Zeitformen.

Fazit: Die Nacht zeigt sich in ihrer bedrohlichen Gewalt gegenüber dem lyrischen Ich, sie dringt in dessen Privatsphäre ein und will seine Würde untergraben. Sie nistet sich ein, sie vergiftet die Atmosphäre der Geborgenheit. Will man die biographische Situation der Autorin in die Deutung mit einbeziehen und überträgt man die Bildersprache in die historische Wirklichkeit, so lässt sich die Bedrohung (versinnbildlicht im Motiv der Nacht) als Folge der Überwachungspraktiken des SED-Regimes verstehen. „Sie findet mich in meinem Haus" (Z. 2) ist der Ausdruck dafür, dass die Privatsphäre der DDR-Bürgerin Sarah Kirsch gefährdet war. Die Dichterin betont die schöpferische Gewalt der Poesie: Mit ihrer Hilfe verwandelt sie die Wirklichkeit; sie nutzt dazu die magische Kraft der Worte. Gleichzeitig bekundet sie den Abstand zu den alten „verdorrten" Worten. Ihre Phantasie sucht „heut" (Z. 20) nach neuen Worten, nach „Zaubersprüchen", mit denen sie bedrohlichen Zeiten trotzen kann.

2 Motiv der Abenddämmerung

Friedrich Hölderlin: Abendphantasie

Vor seiner Hütte ruhig im Schatten sitzt
Der Pflüger, dem Genügsamen raucht sein Herd.
Gastfreundlich tönt dem Wanderer im
Friedlichen Dorfe die Abendglocke.

Wohl kehren itzt die Schiffer zum Hafen auch,
In fernen Städten, fröhlich verrauscht des Markts
Geschäft'ger Lärm; in stiller Laube
Glänzt das gesellige Mahl den Freunden.

Wohin denn ich? Es leben die Sterblichen
Von Lohn und Arbeit; wechselnd in Müh und Ruh
Ist alles freudig; warum schläft denn
Nimmer nur mir in der Brust der Stachel?

Am Abendhimmel blühet ein Frühling auf;
Unzählig blühn die Rosen und ruhig scheint
Die goldne Welt; o dorthin nimmt mich,
Purpurne Wolken! und möge droben

In Licht und Luft zerrinnen mir Lieb und Leid! –
Doch, wie verscheucht von töriger Bitte, flieht
Der Zauber; dunkel wird's und einsam
Unter dem Himmel, wie immer, bin ich –

Komm du nun, sanfter Schlummer! zu viel begehrt
Das Herz; doch endlich, Jugend! verglühst du ja,
Du ruhelose, träumerische!
Friedlich und heiter ist dann das Alter.

Georg Trakl: Verfall

Am Abend, wenn die Glocken Frieden läuten,
Folg ich der Vögel wundervollen Flügen,
Die lang geschart, gleich frommen Pilgerzügen,
Entschwinden in den herbstlich klaren Weiten.

Hinwandelnd durch den dämmervollen Garten
Träum ich nach ihren helleren Geschicken
Und fühl der Stunden Weiser kaum mehr rücken.
So folg ich über Wolken ihren Fahrten.

Da macht ein Hauch mich von Verfall erzittern.
Die Amsel klagt in den entlaubten Zweigen.
Es schwankt der rote Wein an rostigen Gittern,

Indes wie blasser Kinder Todesreigen
Um dunkle Brunnenränder, die verwittern,
Im Wind sich fröstelnd blaue Astern neigen.

Aufgabenstellung

1. Interpretieren Sie die vorliegenden Gedichte.
2. Vergleichen Sie die jeweilige Gestaltung des Abendmotivs in Hinsicht auf die besondere Situation des Sprechenden.

Lösung

Zu Hölderlins Gedicht:

Das zentrale Motiv des 1799 entstandenen Gedichts ist der Abend als die den Tag beendende Zeit. Mit ihrer Wahrnehmung werden die Gedanken des lyrischen Ich verbunden: dessen Phantasien, die innere Situation einer von Ergriffenheit und innerer Zerrissenheit gezeichneten Person. Ihre Isolation und Einsamkeit zeigt sich in den Fragen der 3. Strophe. Es herrscht eine nachdenklich-ernste und feierliche Grundhaltung vor, die Hölderlin in der Form der Ode zum Ausdruck bringt.
Aufbau: Die beiden ersten Strophen beschreiben sowohl die ländliche als auch die städtische Idylle zur Zeit des Abends, der als verdiente Ruhe nach geschäftiger Tätigkeit des Tages gepriesen wird. Diese Idealisierung wird allerdings in der 3. Strophe als Schein entlarvt: Der Sprechende erkennt seine Situation als nicht dazugehörig, als heimatlos. Die beschworene Ruhe vermag er nicht zu empfinden. Ruhelosigkeit bestimmt sein Leben.
In der 4. Strophe gibt sich der Sprechende erneut einer idyllischen Träumerei hin, die ihn beim Anblick der Abendröte und beim aufwärts gerichteten Blick in „die goldne Welt“ einer noch fernen Harmonie versetzt. Dieses Bild schlägt aber in Resignation um, die in der 5. Strophe wehmütig-klagend zum Ausdruck gebracht wird und die sich erneut auf seine Einsamkeit bezieht. Dabei hofft er auf die Aufhebung von „Lieb und Leid“.
In der 6. und letzten Strophe zieht der Sprechende aus seiner Situation die Konsequenz. Nach der sehnsüchtigen Anrufung des Schlummers und dem Verzicht auf das Begehren der Jugend wird das Alter als „friedlich und heiter“ gepriesen. Indirekt ist damit der Abend als das Ende des Tages sinnbildlich in den Lebensabend übergegangen. Die Gedanken des anfänglich verstörten lyrischen Ich münden in eine zufriedene, harmonische Stimmung.

Sprachlich-formale Gestaltung:

- gleichmäßig gebaute Strophen ohne Reimordnung;
- Zeilen- und Strophenenjambements;
- unterschiedliche metrische Gestaltung, Jamben, Trochäen und Daktylen; freier Rhythmus (Ode);

- Stimmung einer fortlaufenden Klage, ohne Höhepunkte und ohne abgeschlossenen Aussagenzusammenhang;
- phantasievolle, gedankliche Bewegung;
- Satzinversionen (= Umstellung der Syntax), die das Disharmonische, aber auch das Leidenschaftlich-klagend-Dynamische der Aussagen unterstützen;
- metaphorische Redeweise: „Am Abendhimmel blühet ein Frühling auf";
- Zeitform: Verben im Präsens deuten auf die gegenwärtige Sprechsituation hin;
- Schlüsselwörter der Orte, Personen, Zeit und Lebensbereiche;
- feierliche (für eine Ode typische) Anrufungen.

Das Gedicht lebt aus der Spannung von Resignation und der aktiven Bewältigungskraft des Sprechenden. Seine Stimmung ist ambivalent: trauernd und orientierungslos, aber auch ernst und heiter. Die verwendeten Naturbilder spiegeln genau diese Gestimmtheit wider. Der Abend als Beginn der Nacht wird in der 4. Strophe als so willkommen gepriesen, dass er mit dem Aufblühen des Frühlings und der Rosen assoziiert wird. Diese Vorstellung mündet in den Wunsch nach Entrückung (Z. 15).

Zu Trakls Gedicht:

In dem erstmalig in der *Sammlung 1909* veröffentlichten und später in überarbeiteter Fassung (die vorliegende) in die *Gedichte* (1913) aufgenommenen Gedicht von Georg Trakl (1887–1914) wird die Kulisse eines Herbstabends entworfen. Das lyrische Ich wird sich seiner Situation bewusst und reflektiert die Vergänglichkeit alles Irdischen. Die einzelnen Motive sind um einen Vorstellungsraum herum angeordnet, in dem sich der Sprecher selbst befindet und von dem aus er die Welt wahrnimmt. Seine Beobachtungen und Empfindungen thematisieren ausgehend vom Herbstabend mit dem nahenden Winter das Absterben der Natur, die Vergänglichkeit allen Seins und die Einsamkeit. Die Natur ist Auslöser für die Sehnsucht des lyrischen Ich nach einer anderen, „helleren" Situation.

- Das Gedicht hat die Form des Sonetts (zwei Quartette und zwei Terzette). Es besteht aus zwei Teilen, den positiven Assoziationen des lyrischen Ich in den Quartetten und den negativen in den Terzetten.
- In den Quartetten wird die Stimmung eines idyllischen Herbstabends hervorgerufen: Der vom lyrischen Ich beobachtete „wundervolle" Flug der Zugvögel (Z. 2 f.) wird mit „frommen Pilgerzügen" verglichen und erhält dadurch eine religiöse Bedeutung. So lassen die „herbstlich klaren Weiten" über den puren Wortsinn hinaus Assoziationen der Transzendenz entstehen.
- Den religiösen Bezugsrahmen stellt bereits das Friedensläuten der Glocken in der 1. Zeile her. Der Ideenbereich des Religiösen ist allerdings nur auf der Bildebene vorhanden; in der existenziellen Situation des Dichters entspricht dem nichts.
- Das zweite Quartett konzentriert den Blick auf die innere Situation des Sprechenden. In der Dämmerung wandelt er durch den Garten und träumt von „helleren Geschicken" (Z. 6), er folgt dem Vogelflug und verliert das Zeitgefühl („Und fühl der Stunden Weiser kaum mehr rücken", Z. 7). Hierin zeigen sich Ansätze der Entgrenzung, der Flucht aus der Wirklichkeit.

- In den Terzetten schlägt diese träumerische Stimmung des lyrischen Ich um, es wird sich des Verfalls ringsum bewusst, der es „erzittern macht" (Z. 9). Seine Wahrnehmungen der umgebenden Natur wechseln ins Negative und sind auf mehrere Bereiche des Vergänglichen gerichtet: Tiere (die Amsel klagt), Pflanzen (die Zweige verlieren ihr Laub, der Wein bekommt rote Blätter, blaue Astern neigen sich fröstelnd), Materie und unbelebte Natur (die Gitter sind rostig, die Brunnenränder verwittern) sowie Menschen („blasser Kinder Todesreigen").

Hinsichtlich der sprachlichen Gestaltung des Gedichts lassen sich folgende Auffälligkeiten erkennen:
- Gegensatz von Traumwelt (Quartette) und Realität (Terzette);
- Bedeutungsvielfalt in den Schlüsselwörtern, z. B. „Weiten", „Geschicken";
- Vergleiche: „gleich frommen Pilgerzügen" (1. Quartett); die Vogelflüge werden mit Pilgerzügen frommer Menschen, das Herabhängen blauer Astern mit einem Reigen(spiel) von Kindern verglichen (2. Terzett), das aber als Todesreigen gedacht ist; assoziiert wird der mittelalterliche Totentanz; denkbar ist aber auch, dass im Kontext des Hinfälligen und Verfallenden die Kinder in ihrer Blässe als vom Tod gezeichnet vorgestellt werden;
- Gegensatz von Helligkeit („hellere Geschicke") und Dunkelheit („dunkle Brunnenränder");
- Farbsymbolik: die rote Farbe des Weinlaubs und das Rostfarbene der Gitter, das Weiß der blassen Kinder, das Dunkle der Brunnenränder, das Blau der Astern;
- Personifizierung der Natur: die Amsel klagt, die Astern neigen sich fröstelnd;
- Alliteration in „der Vögel wundervollen Flügen";
- Assonanz in „dunkle Brunnenränder";
- Metrum: fünfhebiger Jambus (z. T. auch Trochäus);
- Reimstruktur: umarmende (z. T. unreine) Reime in den Quartetten (*abba – cddc*), dreimalige Reime in den Terzetten (*efe – fef*);
- Zeilen- und Strophenenjambement, syntaktische Inversionen.

Stimmung des lyrischen Ich: Traurigkeit, Verlassenheit, Melancholie angesichts der Vergänglichkeit allen Seins. Diese Gestimmtheit wird im Titel „Verfall" zusammengefasst. Die Monotonie der Erfahrung, die im Rhythmus des fünfhebigen Jambus gespiegelt ist, wird durch die Formgebung des Sonetts gleichsam eingekleidet und verfestigt. Dem lyrischen Ich fehlt die Kraft zur aktiven Bewältigung seiner Situation, die Wahrnehmung ist passiv. Motive und Bilder aus dem Vorstellungsbereich der christlichen Überlieferung sind keine Garanten für Hoffnung und Trost. Der Dichter kann die Welt in ihrer Vergänglichkeit nur noch bildlich, im Klang assoziativer Symbolik festhalten.

Poetische Gestaltung: Aufgreifen romantischer Motive wie Sehnsucht und Traum; Überwindung der gegenwärtigen Situation durch einen religiösen Bezugsrahmen; Aufhebung des Zeitgefühls; der Ausblick in die Weite als Öffnung der menschlichen Seele in den Bereich des Göttlichen; Nacht und Dämmerung als Zeiten des Übergangs und des Zweifels an festgelegten Ordnungen, aber auch als Schauplatz für das Ausbrechen aus Alltagszwängen.

3 Ein Dichter in zwei Epochen

Textgrundlage

Johann Wolfgang Goethe: „Ein grauer trüber Morgen …“ und „Mächtiges Überraschen“

Aufgabenstellung

1. Interpretieren Sie die vorliegenden Gedichte.
2. Vergleichen Sie die jeweilige Lebenseinstellung des Sprechenden.

Ein grauer, trüber Morgen
Bedeckt mein liebes Feld,
Im Nebel tief verborgen
Liegt um mich her die Welt.
O liebliche Friedrike,
Dürft ich nach dir zurück,
In einem deiner Blicke
Liegt Sonnenschein und Glück.

Der Baum, in dessen Rinde
Mein Nam bei deinem steht,
Wird bleich vom rauhen Winde,
Der jede Lust verweht.
Der Wiesen grüner Schimmer
Wird trüb wie mein Gesicht,
Sie sehen die Sonne nimmer,
Und ich Friedriken nicht.

Bald geh ich in die Reben
Und herbste Trauben ein;
Umher ist *alles* Leben,
Es strudelt neuer Wein.
Doch in der öden Laube,
Ach, denk ich, wär *sie* hier;
Ich brächt ihr diese Traube,
Und *sie* – was gäb *sie* mir?

Lösung

Auffällig an „Ein grauer, trüber Morgen …“ ist die enge Verbindung des erlebenden Sprechers zur Natur. Seine Situation ist gekennzeichnet vom Liebesverlust, den er zu beklagen hat. Der Herbst versinnbildlicht das Absterben in der Natur, die Vergänglichkeit. Der Sprecher erhält seine Identität von der Erinnerung an die Geliebte. Naturwahrnehmung und rückwärts gewandte Sehnsucht gehen ineinander über. Die

Kontraste von Herbst und Sommer, von gegenwärtigem Kummer und zukünftiger Linderung durchziehen das Gedicht und bestimmen die sprachlichen Bilder.
Aufbau des Gedichts: Die 1. Strophe kontrastiert die Klage über den trüben Morgen und die Verborgenheit der Welt im Nebel mit der Vorstellung der Geliebten; in ihr werden Sonnenschein und Glück gegenwärtig.
Die 2. Strophe ist gänzlich vom Kummer beherrscht. Die Natur selbst nimmt an der Klage des Sprechers teil. Der Baum, in dessen Rinde die Namen beider Geliebten eingeritzt sind, „wird bleich". Der grüne Schimmer (die Farbe des Hoffens) verwandelt sich; er wird trüb. Die Abwesenheit der Geliebten wird schmerzlich bewusst.
Die 3. Strophe vergegenwärtigt die Weinlese und mit dem Gedanken an neuen Wein entsteht der Wunsch im lyrischen Ich, der Geliebten nah zu sein. Doch wird die Laube, der heimelige Ort der Begegnung, als öde wahrgenommen. Das lyrische Ich wird nachdenklich, ist unsicher, ob eine Wiederbegegnung die Erfüllung der Liebe herbeiführt.

Formale Gestaltungsmittel:
- Textsorte: Strophenlied;
- 3 Strophen zu je 8 Zeilen; jede Strophe besteht aus doppeltem Kreuzreim (*abab cdcd*);
- jambisches Versmaß mit 3 Hebungen herrscht vor;
- mit Ausnahme der ersten vier Zeilen der 2. Strophe (Z. 9–12) ist jeweils ein vollständiger Satz auf zwei Zeilen (ein Reimpaar *ab*) verteilt: Die klare, streng organisierte Form reiht die Einzelaussagen wiederholend hintereinander;
- in der Klage ist das lyrische Ich passiv; die neblige Welt widerfährt ihm: „Liegt um mich her" (Z. 4); in der Sehnsucht spricht es sich als Leidender aus: „Dürft ich nach dir zurück" (Z. 6): die Trennung wird als unüberwindbares Hindernis erfahren;
- emphatische Ausrufe: „O liebliche Friedrike" (Z. 5); „Ach, denk ich, wär *sie* hier" (Z. 22);
- Personifizierung: Der Morgen bedeckt das Feld; der Nebel liegt; der Baum wird bleich;
- Verben und Nomina der visuellen Wahrnehmung: sehen, Blicke, Gesicht;
- Kontraste: deine Blicke, Sonnenschein – mein Gesicht, trüb;
- Satzzeichen: Der Gedankenstrich in der bedeutungsbetonten letzten Zeile zwingt den Leser zum Innehalten; dabei wird die Erwägung einer möglichen Wiederbegegnung mit der Geliebten mitvollzogen. Es ist halb Wunsch, halb Zweifel, der hier zum Ausdruck kommt;
- einfache Liedform mit sich wiederholenden Aussagen, in der sich eine einheitliche Sprechhaltung ausdrückt. Es liegt keine Konfliktsituation vor, sondern die monologische Klage des Verlassenen.

Fazit: Die personifizierte Natur spiegelt deutlich das innerseelische Empfinden des lyrischen Ich. Die Übertragung der inneren Vorgänge auf das Äußere der Natur ist deshalb möglich, weil sich in der Natur dasselbe wie im Menschen abspielt. Die wechselseitige Durchdringung von Natur und Mensch ist eine Anschauung, die sich im Denken Goethes zeit seines Lebens zeigt. Weil der Mensch Teil der Natur ist, entsprechen auch die Teile der äußeren Natur den Teilen der inneren Natur. Diese Analogie wird besonders in der 2. Strophe deutlich. Dort heißt es, dass die Wiesen, denen ein personales Wesen zugeschrieben wird, die Sonne nicht mehr sehen werden. Die Jahreszeit des Herbstes bekommt damit etwas Endgültiges, Hoffnungsloses. Analog dazu erlebt sich der Sprechende selbst. Für ihn wird ein Wiedersehen mit Friederike nicht in Aussicht gestellt. Der biographische Situationsbezug ist eindeutig: Goethes Rückreise nach Straßburg im Herbst 1771 hatte die Verbindung mit Friederike Brion endgültig beendet. Der junge Goethe will sich in keiner Hinsicht binden; er will frei sein von jeglichen moralischen Regeln der bürgerlichen Gesellschaft. Seine Identität ist nicht festgelegt, die Sehnsucht ist unerfüllt, das eigene Leben soll in eine offene Zukunft hinein gestaltet werden. Mit dieser Auffassung repräsentiert er Grundelemente der neuen Epoche des Sturm und Drang. Die Lösung der Liebesbeziehung ist die Bedingung seiner künstlerisch-freien Entwicklung, gleichzeitig zeigen sich im Rückblick Wehmut und Kummer.

Mächtiges Überraschen

Ein Strom entrauscht umwölktem Felsensaale,
Dem Ozean sich eilig zu verbinden;
Was auch sich spiegeln mag von Grund zu Gründen,
Er wandelt unaufhaltsam fort zu Tale.

Dämonisch aber stürzt mit einem Male –
Ihr folgen Berg und Wald in Wirbelwinden –
Sich Oreas, Behagen dort zu finden,
Und hemmt den Lauf, begrenzt die weite Schale.

Die Welle sprüht und staunt zurück und weichet
Und schwillt bergan, sich immer selbst zu trinken;
Gehemmt ist nun zum Vater hin das Streben.

Sie schwankt und ruht, zum See zurückgedeichet;
Gestirne, spiegelnd sich, beschaun das Blinken
Des Wellenschlags am Fels, ein neues Leben.

Das im Gedicht „Mächtiges Überraschen“ (entstanden innerhalb eines Sonett-Zyklus 1807/08) vorherrschende Bild ist das eines Flusslaufs von der Quelle in Richtung Ozean. Wie der Titel sagt, ist mit einem unverhofften Ereignis zu rechnen, einem elementaren Erlebnis. Das Naturbild vom Strom lässt sich als Lebenslauf des Menschen deuten. Die Polarität von Dynamik und Begrenzung durchzieht das gesamte Gedicht. In der rhythmischen Gestaltung und im Bildbereich ist von elementarer Bewegung die Rede, von Rauschen, Stürzen und Wirbel, aber auch von Behagen, Stauen und Hemmung. Für die Darstellung dieser gegensätzlichen Bewegungen wählt Goethe die Form des Sonetts. Die Sonettform ist formal streng geordnet; ihre Aufteilung in zwei Quartette (I. Teil) und zwei ineinander verwobene Terzette (II. Teil) ermöglicht eine Steigerung zum Schluss hin. Nach den Quartett-Blöcken ist ein Einschnitt zu beobachten, der eine Wendung im Gedankengang mit sich bringt und letztlich zu einem neuen Standpunkt führt.

Aufbau im wörtlichen Bildbereich: In der 1. Strophe ist vom eiligen Lauf eines Flusses die Rede; er entspringt mit kraftvollem Rauschen der Quelle in der Gebirgshöhle und strebt dem Ozean zu. Das Unaufhaltsame des Strebens zum Ziel hin beherrscht die Szenerie.
Der linearen Bewegung des Stroms wird in der 2. Strophe das plötzlich mächtige Aufstauen des Wasserelementes durch einen Bergrutsch bzw. einen Felsen entgegengesetzt. Fels und Berg sind in der mythologischen Form der Nymphe personifiziert (die Oreaden sind Nymphen, die Täler und Schluchten bewohnen). Die fremde Kraft zwingt dem Dahinfließen eine andere Form auf. Die Rede ist nun von Begrenzung; vorstellbar in einem weiten, einer Schale gleichen Stausee. In der 3. Strophe wird nun das Stauen und Anschwellen des Wassers dargestellt. Die Fokussierung auf das Ziel hin wird aufgehalten.
Am Anfang der 4. Strophe wird das Bild von der Welle aufgegriffen, die sich zum See gebildet hat. Nach anfänglichem Schwanken kehrt Ruhe ein. Im See spiegeln sich beschaulich die Gestirne, eine Spiegelung, die im fließenden Wasser nicht möglich war.
Aufbau im symbolischen Bereich und Deutung: Goethe ist von einem universalen Sinnzusammenhang der Natur überzeugt. Innerhalb dieses umfassenden Konzepts erhält ein Naturelement den Charakter eines Symbols. Es ist auf eine Lebenssituation hin auslegbar, auf eine innerseelische Haltung. Hier ist das Symbol der Fluss, der das menschliche Leben versinnbildlicht.
Vorzustellen ist die gesamte Bewegung des Gedichts als der geplante Lebensweg eines Individuums. Wie der Fluss aus dem eingrenzenden Flussbett hinaus in die Weite des Ozeans will, so strebt das Ich aus den Beschränkungen gesellschaftlicher Regeln hinaus zu Freiheit und Selbstbestimmung. Dieses Lebenskonzept wird nun an entscheidender Stelle von einem unerwarteten Ereignis aufgehalten. Zu denken ist dabei – im Bild die dämonisch herbeistürzende weibliche Nymphe – an eine unverhoffte Begegnung, vielleicht eine Liebesbeziehung, die nun, nach anfänglichem Zweifeln und Überlegen, eine Wende im Leben bewirkt und das Ich einen neuen Standpunkt einnehmen lässt.

Formale Gestaltungsmittel:

- Form des Sonetts: zwei Quartette und zwei Terzette; Reimschema: *abba / abba / cde / cde*, durchgehend weibliche Kadenzen;
- die Quartette formulieren jeweils eine selbstständige Existenzweise, die sich formal in dem nach außen abgeschlossenen umarmenden Reim zeigt. Danach folgen die Wende als Ausgleich der aufeinandertreffenden Bewegungen und der neue Standpunkt mit der besonders betonten Schlusszeile, formal sichtbar in dem über die Terzette hinausgreifenden Dreierreim;
- Personifizierungen: „Ein Strom entrauscht“ (Z. 1), „Die Welle sprüht“ (Z. 9), Ozean = Vater;
- Verben der Bewegung: entrauschen, eilig verbinden, wandeln, stürzen, folgen, sprühen, weichen, anschwellen, streben; im Gegensatz dazu Verben und Wortverbindungen der Hemmung: Behagen finden, hemmen, begrenzen, schwanken, ruhen, zurückdeichen, beschauen; kontrastive Gegenbewegung: sprühen – zurückstaunen – weichen – bergan schwellen – sich selbst trinken – hemmen (Z. 9–11) als subjektive Reflexion und Ausdruck von Zweifeln;
- Oxymoron: „Sie schwankt und ruht“ (Z. 12);

- häufige Verwendung der Konjunktion „und“ mit verbindend-vorwärtstreibender Bewegung: Gegensätze werden syntaktisch miteinander verknüpft und erreichen einen neuen Standpunkt: „ein neues Leben“ (Z. 14).

Fazit: Es wird die Erfahrung einer plötzlichen Begegnung symbolisch vergegenwärtigt, und zwar in der Erinnerung des Subjekts, dem eine besondere, nicht vorhersehbare Erfüllung zuteil geworden ist („ein neues Leben“, Z. 14) und das sich dadurch als ein verwandeltes begreift. Das Naturereignis des rauschenden und gehemmten Flusslaufs bildet dabei ein Gleichnis. Auffällig ist, dass an keiner Stelle von einem Ich die Rede ist. Das Gedicht ist ganz und gar Natursymbol. Das erinnernd-vergegenwärtigende Subjekt kann man sich so vorstellen, als blickte es von einem anderen Ort und aus anderer Zeit auf sich selbst zurück.

Vergleich: Der Vergleich beider Gedichte zeigt den Wandel im Selbstverständnis ein und desselben Autors. In dem Gedicht „Ein grauer, trüber Morgen …“ sind unmittelbar Sehnsucht, Zweifel an einer Wiederbegegnung und Offenheit für neues Erleben spürbar. Im Vordergrund steht der Versuch einer subjektiven Sinnstiftung. Vorherrschend ist eine individuelle Grundstimmung, die den Leser zum Nachvollziehen auffordern möchte. „Mächtiges Überraschen“ zeigt dagegen den menschlichen Willen, Erfahrungen zu einem sinnvollen Zusammenhang zu ordnen. Zwei Naturgewalten treffen aufeinander. Aus beiden entsteht eine Synthese, die Harmonie der Gegensätze.

Diese Erfahrung lässt sich auch epochentypisch beschreiben. In Goethes Frühwerk, im Sturm und Drang, äußern sich die Interessen des aufklärerischen Ich. Der Wille zur Freiheit ist unmittelbar erkennbar. Die Handlungsspielräume des Individuums lassen sich nicht begrenzen, Gefühlsüberschwang und Empfindung treten an die Stelle tradierter Ordnungen, inneres Empfinden wird im Gedicht unmittelbar zur Sprache gebracht. Das klassische Ideal verlangt indes den harmonischen Ausgleich der Gegensätze als Ideal. Diese Grundhaltung zeigt sich im Kunstwerk in der strengen, geordneten, ausgleichenden Form und im erhabenen Stil. Das Erfahrene ist nun nicht mehr Ausgangspunkt für die Empfindung, sondern das Symbol lässt jede Erfahrung als Idee im Kunstwerk aufscheinen; damit wird die einzelne Erfahrung zum Allgemein-Menschlichen und zum für jedermann nachvollziehbaren Ereignis. Die Identität des Subjekts ist im Gegensatz zum Sturm-und-Drang-Subjekt in den Grenzen klarer Strukturen gefestigt.

4 Motiv des Baums

Erich Fried: Neue Naturdichtung

Er weiß daß es eintönig wäre
nur immer Gedichte zu machen
über die Widersprüche dieser Gesellschaft
und daß er lieber über die Tannen am Morgen
schreiben sollte
Daher fällt ihm bald ein Gedicht ein
über den nötigen Themenwechsel und über
seinen Vorsatz
von den Tannen am Morgen zu schreiben

Aber sogar wenn er wirklich früh genug aufsteht
und sich hinausfahren läßt zu den Tannen am Morgen
fällt ihm dann etwas ein zu ihrem Anblick und Duft?
Oder ertappt er sich auf der Fahrt bei dem Einfall:
Wenn wir hinauskommen
sind sie vielleicht schon gefällt
und liegen astlos auf dem zerklüfteten Sandgrund
zwischen Sägemehl Spänen und abgefallenen Nadeln
weil irgendein Spekulant den Boden gekauft hat

Das wäre zwar traurig
doch der Harzgeruch wäre dann stärker
und das Morgenlicht auf den gelben gesägten Stümpfen
wäre dann heller weil keine Baumkrone mehr
der Sonne im Weg stünde. Das
wäre ein neuer Eindruck
selbsterlebt und sicher mehr als genug
für ein Gedicht
das diese Gesellschaft anklagt

Christoph Meckel: Geerntet der Kirschbaum …

Geerntet der Kirschbaum, der Juni zu Ende, aber
im Traum trug ich Kirschen zurück in die Bäume
hängte sie zwischen die Blätter und rief:
Die Kirschenzeit ist gekommen
bring Körbe und Leitern
und flieg in den Kirschbaum zu mir
wir träumen nicht lange!

Aufgabenstellung

Zeigen Sie, wie die Autoren das Baum-Motiv jeweils aufgefasst und dichterisch gestaltet haben.

Lösung

Zu Frieds Gedicht:

Erich Fried (1921–1988) schreibt ein Gedicht über die Bedingungen der Möglichkeit, ein Gedicht zu schreiben. Der selbstreflexive Charakter der lyrischen Sprechweise zeigt sich von der 1. Zeile an. Ein lyrisches Ich spricht über sich selbst aus der Außenperspektive, wodurch deutlich wird, wer hier gemeint ist: Die mit „er" bezeichnete Person ist der Dichter selbst. Der Gegenstand seiner Gedanken ist das Dichten. Aus dem Titel des Gedichts ist seine Absicht zu erschließen: Er will „Neue Naturdichtung" schreiben. Bei seinen Überlegungen dazu stellt er Hypothesen auf. Darauf verweisen die unterschiedlichen Konjunktivformen sowie die Konditionalfügung zu Beginn der 2. Strophe. Die in 3 Strophen ausgeführten Gedanken über die Suche nach einer neuen Naturdichtung und das Gedichte-Schreiben lassen auch in inhaltlicher Hinsicht einen Dreischritt erkennen.

1. Schritt: These (Vorsatz)

Der Sprecher denkt darüber nach, wie „eintönig" es für den Leser sein müsse, Gedichte über „die Widersprüche dieser Gesellschaft" zu schreiben; er sollte lieber über die „Tannen am Morgen" schreiben. Hier wird zum ersten Mal das Motiv des Baumes genannt. Mit der Suche nach einem Themenwechsel fällt ihm ein mögliches Gedicht ein und er reflektiert seinen Vorsatz.

2. Schritt: Antithese (Einschränkung und Regression)

Der Sprecher bezweifelt seine Fähigkeit, über die „Tannen am Morgen" zu schreiben. Der Vorsatz wird durch einen „Einfall" unterbrochen: Die Tannen könnten gefällt sein. Der Grund für die Skepsis liegt in der wirtschaftlichen Verwertung der Natur, von Fried gesellschaftskritisch zugespitzt: „weil irgendein Spekulant den Boden gekauft hat." Damit ist sein Vorsatz, über Natur ein Gedicht zu schreiben, nicht mehr zu realisieren. Der beabsichtigte Themenwechsel wird also von den gesellschaftlichen Verhältnissen, in diesem Fall der Bodenspekulation, verhindert.

3. Schritt: Synthese (Lösung)

Am Anfang der 3. Strophe kommt das Bedauern über die gefällten Bäume zum Ausdruck, doch gleichzeitig stellen sich auch ästhetische Sinneswahrnehmungen ein: vom stärkeren Harzgeruch und dem wegen fehlender Baumkronen heller wirkenden Morgenlicht. Die gewählten Motive rufen beinahe eine Art Idylle hervor. Der neue Eindruck wird als „selbsterlebt" beschrieben. Das hierin sich äußernde Naturerlebnis wird allerdings in Z. 27 für ein Gedicht reklamiert, „das diese Gesellschaft anklagt". Damit hat der Sprecher sein Gedankenspiel abgeschlossen. Er hat sich Bilder des Naturschönen vorgestellt, durchschaut diese aber sogleich als gesellschaftlich vermittelt. Die Naturempfindungen Harzgeruch und helles Morgenlicht sind nur unter der Voraussetzung zu genießen, dass die Natur selbst, stellvertretend durch die Tannen bezeichnet, deutlichen Schaden genommen hat. Die Naturzerstörung ist der eigentliche Gegenstand des Gedichts und insofern geeignet, die Gesellschaft, die dies zulässt, anzuklagen.

Formaler Aufbau:
- 3 reimlos aufgebaute Strophen mit je 9 Zeilen;
- unregelmäßiges Metrum;
- die Strophen bestehen jeweils aus Aussagesätzen; eine Frage in der 2. Strophe;
- Zeilenenden unterbrechen den Gedankengang und legen den Nachdruck auf besonders betonte Satzteile (z. B. „schreiben sollte"; „seinen Vorsatz");
- konjunktivische Redeweise unterstreicht den nachdenklichen Charakter der Aussagen;
- durch die metrisch gleichgebauten Leitmotive: „Tannen am Morgen" – „diese Gesellschaft" werden ein Naturbild und gesellschaftliche Verhältnisse lautlich in Beziehung gesetzt.

Fazit: Fried greift im Bild von den „Tannen am Morgen" auf eine sprachliche Wendung zurück, die Bertolt Brecht (1898–1956) in einem Gedicht aus der Gedichtsammlung der „Buckower Elegien" aus dem Jahr 1953 benutzt. Dort fasst Brecht in schlüssiger poetischer Form den Gedanken, dass gesellschaftliche Verhältnisse, historische Ereignisse und die dadurch bedingte eigene Biographie die Wahrnehmung von Naturphänomenen verändert. Es ist die Perspektive des gesellschaftlichen Subjekts, die die Naturwahrnehmung bestimmt. Die veränderte Wahrnehmung verändert auch den Gegenstand der Natur. Als Schlussfolgerung ist ein Naturgedicht im Sinne eines puren Naturerlebens nicht mehr möglich; es muss die Reflexion über die gesellschaftlichen Verhältnisse, unter denen Natur gestaltet wird, einbeziehen. Über Natur zu schreiben gelingt nur dort, wo ihre kulturell-gesellschaftliche Überprägung immer auch mitbedacht wird.

Zu Meckels Gedicht:

Bereits die 1. Zeile des titellosen Gedichts von Christoph Meckel (geb. 1935) macht unmittelbar deutlich, dass ein Jahreszeiten-Gedicht vorliegt. Es ist Mitte Sommer, die Früchte sind in ihrer höchsten Reife. Das Naturbild vom Kirschbaum steht im Mittelpunkt.

Dieses Bildfeld wird mit dem Einfall kombiniert, den Kirschbaum gleich nach der Ernte wieder mit Früchten zu behängen. Darin drückt sich der Wunsch aus, die natürliche Reihenfolge umzukehren, den Baum in seiner von reifen Kirschen erfüllten Pracht noch einmal genießen zu dürfen. Die Naturerfahrung von Werden und Vergehen soll umgekehrt werden. Es ist dieser Wunsch nach der Wiederholbarkeit des vergangenen Geschehens, der die wenigen folgenden Zeilen des Gedichts bestimmt. Auf das Naturbild vom abgeernteten Kirschbaum folgt das Bild vom Traum. Offensichtlich ist der Wunschtraum des lyrischen Ich gemeint: „im Traum trug ich Kirschen zurück in die Bäume." Die Satzstellung betont den Satzschluss „in die Bäume", also den ungewöhnlichen Einfall, mit dem Wiederaufhängen der Kirschen die Zeit zurückholen zu wollen. Im Anschluss an das Bild des erneut mit Früchten bestückten Baumes erfolgt die auffordernde Anrede eines Du. Aufgerufen wird zur Kirschenernte: Körbe und Leitern sollen herbeigeholt werden. Es ist das Bild vom gemeinsamen Kirschenpflücken, das hier evoziert wird. Der Wunschtraum des Sprechenden gipfelt in der letzten Zeile in der Aufforderung vom Hereinfliegen des Du in den Kirschbaum, wo der Rufer wartet: „und flieg in den Kirschbaum zu mir." Die anschließende Satzaussage betont die Dringlichkeit der Aufforderung; sie verweist allerdings den Wunsch auch eindeutig in die Sphäre des Traums: „wir träumen nicht lange!"

Fazit: Die mit besonderer Sinngebung am Ende des Gedichts stehende Aussage zeigt, dass das gesamte Bildgefüge von einer wiederholbaren „Kirschenzeit" dazu benutzt wird, auf eine umfassendere Erfahrung menschlichen Schicksals hinzudeuten. Naturerfahrungen, hier die Kirschenzeit und das Kirschenpflücken, werden oft als Gleichnisse für das menschliche Leben verstanden. Die Kirschen und die Vorstellung vom Kirschrot mit seinem Symbolgehalt des Erotischen versinnbildlichen den Wunsch des lyrischen Ich nach der Wiederholbarkeit erlebten Liebesglücks. Die verlorene Zeit wird zurückgerufen, damit sich durch die Umkehrung des chronologischen Ablaufs eine neue Wirklichkeitserfahrung einstellt. Das Gedicht hält den Augenblick fest, in dem das lyrische Ich die unwiderruflich vergangene Liebe noch einmal erleben möchte. Das Bild vom wieder behängten Kirschbaum, verbunden mit dem Bild vom Hereinfliegen der geliebten Person, lässt sich dann als Sinnbild für die unerfüllt gebliebene, vielleicht vorzeitig abgebrochene, vielleicht noch ausstehende Liebesbeziehung verstehen. Dass sich der Sprecher des Wunschtraums bewusst ist, wird am Ende des Gedichts mit dem Hinweis auf die Kürze des Traums unmissverständlich bezeugt.

5 Natur und Liebe

Johann Wolfgang Goethe: Maifest

Wie herrlich leuchtet
Mir die Natur!
Wie glänzt die Sonne!
Wie lacht die Flur!

Es dringen Blüten
Aus jedem Zweig
Und tausend Stimmen
Aus dem Gesträuch

Und Freud und Wonne
Aus jeder Brust.
O Erd', o Sonne,
O Glück, o Lust,

O Lieb', o Liebe,
So golden schön
Wie Morgenwolken
Auf jenen Höhn,

Du segnest herrlich
Das frische Feld,
Im Blütendampfe
Die volle Welt!

O Mädchen, Mädchen,
Wie lieb' ich dich!
Wie blinkt dein Auge,
Wie liebst du mich!

So liebt die Lerche
Gesang und Luft,
Und Morgenblumen
Den Himmelsduft,

Wie ich dich liebe
Mit warmen Blut,
Die du mir Jugend
Und Freud' und Mut

Zu neuen Liedern
Und Tänzen gibst.
Sei ewig glücklich,
Wie du mich liebst.

Marie Luise Kaschnitz: Einer von zweien

In meinem Gedächtnis wohnst du
Mein Leib ist dein Haus
Mir aus den Augen siehst du den Frühling
Noch immer die rote Kastanie.

Auf dem Fluß jedes Tages
Kommst du geschwommen
Steigst mit jeder Sonne
Mir über den Hügel.
Hände hab ich
Zehn Finger und flinke Füße
Näher kommst du
Ich fasse dich nicht.

Ihr sollt in mir sehen
Einen von zweien
Und hinter meinen Worten
Unruhig horchen
Auf die andere Stimme.

Ihr sollt sehen wie meine Wunde
Zu glühen beginnt
Wenn die Welle kommt
Der Muschelgeruch der Häfen
Wenn im Buchenwald unsichtbar
Maisingen die Vögel.

Aufgabenstellung

1. Interpretieren Sie die vorliegenden Gedichte.
2. Vergleichen Sie, wie in den beiden Gedichten das Verhältnis von Natur und Liebe gestaltet wird.

Lösung

Zu Goethes Gedicht:

Das Gedicht ist vermutlich im Mai 1771 entstanden; es ist Teil der 1789 von Goethe zusammengestellten „Sesenheimer Liedern". Es hat ein emphatisches Liebesbekenntnis zum Gegenstand. Ein lyrisches Ich spricht zu seiner Geliebten und versichert sie seiner Liebe. Dabei verherrlicht es die Natur. Äußere und innere Natur vereinen sich im Jubel. Der in Z. 5 beginnende Satz fasst die Pflanzenwelt („Blüten / Aus jedem Zweig", Z. 5 f.), die Tierwelt („Stimmen / Aus dem Gesträuch", Z. 7 f.) und die menschliche Seele („Und Freud und Wonne / Aus jeder Brust", Z. 9 f.) zusammen. Es findet sogar eine Erweiterung in die unbelebte Natur hinein statt: „Wie glänzt die Sonne!", Z. 3. Der Sprecher bekennt seine übergroße Liebe und gibt gleichzeitig dem Glück, wiedergeliebt zu werden, Ausdruck.

Aufbau: 9 Strophen mit je 4 kurzen Versen; Reimstruktur: Es reimen jeweils die 2. und 4. Zeile.
Metrum/Rhythmus: Zweihebiger Jambus; teilweise Daktylen; die rhythmische Gestaltung der einzelnen Verse, also die Melodie und Akzentuierung sinnvoller Hebungen und Senkungen, weicht teilweise vom Grundschema des Jambus ab. Die erste Zeile ist metrisch eindeutig zu lesen, während in der zweiten Zeile die Betonung auf „Mir" fallen muss. Diese rhythmische Hervorhebung zeigt dem Leser von Anfang an, dass es auf das erlebende Subjekt ankommt. Die metrische Form betont die Identität von Natur und Ich.
Sprachlich-formale Gestaltung: Sätze, die über das Vers- und Strophenende hinausreichen; unbestimmte Bezüge zwischen den Satzgliedern: In Z. 17 „Du" ist nicht eindeutig zu entscheiden, ob mit dem Pronomen die Liebe oder die Geliebte gemeint ist; in Z. 25 „So liebt die Lerche" bleibt offen, auf wen oder was sich der Vergleich bezieht. Diese Unbestimmtheit ist als ein Sprechen in der Schwebe von Mehrdeutigkeiten zu verstehen. Die äußerlich klare Gestaltung steht im spannungsvollen Gegensatz zur inneren Dynamik der überschwänglichen Redeweise. Es gibt keine konkreten Ortsangaben, auch die Bedeutungsbreite der verwendeten Wörter und Motive ist offen; die Segenshandlung („Du segnest", Z. 17) aus dem spirituell-religiösen Bereich geht auf die Liebe über.
Verben der allumfassenden sinnlichen Wahrnehmung, des Sehens (Z. 3 f.), des Hörens (Z. 7), des Riechens (Z. 18 f.) fallen auf, ebenso die Wiederholung von „herrlich": Entsprechung in der Naturhelle einerseits und als segnende, gebende spirituelle Handlung der Geliebten andererseits; die Nomina beschreiben vorwiegend positiv bewertete Empfindungen; keine Trennung von Innen und Außen; die Verben sind dynamisch; Metapher mit dem Bedeutungsbereich des Lichts: „blinkt dein Auge" (Z. 23); Zeilen- und Strophenenjambements; zahlreiche Ausrufe: „Wie herrlich […]" (Z. 1); „O Erd', o Sonne" (Z. 11); „O Mädchen, Mädchen, / Wie lieb ich dich!" (Z. 21 f.); auch in den Ellipsen (Auslassungen) sprechen sich starke Gefühle aus – so scheint etwa ein Verb in „Im Blütendampfe / Die volle Welt" (Z. 19 f.) zu fehlen; Neologismus (Wortneuschöpfung): „Blütendampfe" (Z. 19).
Fazit: „Maifest" ist vor dem Hintergrund einer Epoche entstanden, die man das literarische Rokoko nennt. Der Begriff leitet sich ab von der französischen Bezeichnung für Muschel, *la rocaille*; er deutet auf etwas hin, das der gesamten Dichtungsart seine Prägung gibt, nämlich das Ornamenthafte, das Verspielte, das ironische, gezierte Spiel mit Empfindungen und Wahrnehmungen. Diese Eigenschaften äußern sich in einer kalkulierten und distanzierten Sprechweise. Naturbeschreibungen sind darin als Staffage verwendet, sie erscheinen wie eine Bühnendekoration für vordergründige Gesellschaftsspiele, in denen das persönliche Erleben keinen Platz hat.
In deutlichem Gegensatz zu dieser Epoche und ihren literarischen Produkten steht das emphatische Empfinden des lyrischen Ich, wie Goethe es in seinem Gedicht zum unmittelbaren Ausdruck bringt. Die Natur wird im frühlingshaften Aufblühen gefeiert und mit den Augen des Liebenden gepriesen. Sein Lebensgefühl übersteigt alle Grenzen und dringt zur Einheit mit der Natur und dem Kosmos. Im Anruf der Natur („O Erd', o Sonne"), der Lebensfreude („O Glück, o Lust") und der Liebe („O Lieb', o Liebe") vereinigen sich gegensätzliche Bewegungen. Die angerufenen Naturphänomene werden durch das Mittel der Personifikation zur Person, die nun ihrerseits das ihr entgegengebrachte Gefühl erwidert. Damit ist die Vorstellung verbunden, dass der

Sprechende in der eigentlich seelenlosen Welt eine seelische Heimat findet. Diese polare und gleichzeitig verschmelzende Bewegung findet im Anrufen der Geliebten ihren Höhepunkt: „O Mädchen, Mädchen, / Wie lieb' ich dich! / Wie blinkt dein Auge, / Wie liebst du mich!“ (Z. 21–24). Die erwidernde Liebe des Mädchens ist sozusagen der Schöpferkraft des Geliebten zu verdanken.
„Maifest“ ist Ausdruck radikaler Subjektivität; es schildert nicht vorgetäuschte, sondern tatsächlich erlebte Gefühle, wie es für den Sturm und Drang kennzeichnend ist. Die Empfindungen befreien sich von traditionellen Mustern und zeigen sich echt und nachvollziehbar.

Zum Gedicht von Marie Luise Kaschnitz:

In „Einer von zweien“ lässt die Dichterin ein lyrisches Ich sprechen, das in seinen Gedanken an ein anderes Leben zugleich auch die Kommunikation mit dem Zuhörer sucht, um ihn in seine Trauer um die abwesende Person mit einzubeziehen: „Ihr sollt in mir sehen / Einen von zweien“(Z. 13 f.). Die einzelnen Zeilen gehen fließend ineinander über, weil Satz und Zeilenende oftmals nicht übereinstimmen. Die für die Dichterin typische Interpunktion (fehlende Kommata) verstärken den Eindruck des Offenen, des Unabgeschlossenen. Es gibt im Gedicht kein festgelegtes metrisches Gerüst, so als würde das lyrische Ich in der Erinnerung an die abwesende Person erst noch nach Ordnung und Halt suchen. Das Leiden an der Vereinzelung spricht sich in Bildern der Erinnerung aus, in die sich Naturelemente mischen. Das Schweigen der/des Geliebten wird im Gedicht zur Stimme des lyrischen Ich. Insofern wirkt der Titel des Gedichtbandes *Dein Schweigen – meine Stimme*, dem das 1962 entstandene Gedicht entnommen ist, wie ein dichterisches Programm.

Sprachliche Gestaltung:

- 4 Strophen in unterschiedlicher Länge mit unterschiedlich langen reimlosen Zeilen ohne metrische Regelmäßigkeit;
- Zeilenenjambements;
- Zeitform: Alle Verben stehen im Präsens, d. h. Erinnerung und Sehnsucht sind gegenwärtig;
- vorherrschendes Verb: sehen, das auch im Sinne von ‚erkennen‘ gebraucht wird;
- Aufforderung an den Leser: „Ihr sollt in mir sehen“ (Z. 13), „Ihr sollt sehen“ (Z. 18);
- Umstellung im Satzbau: „Mir aus den Augen siehst du den Frühling“ (Z. 3), „Mir über den Hügel“ (Z. 8), „Näher kommst du“ (Z. 11);
- verkürzte, elliptische Sprechweise;
- Metaphern: „Mein Leib ist dein Haus“ (Z. 2), „Auf dem Fluß jedes Tages“ (Z. 5);
- Wortschöpfung: Das Verb „maisingen“ (Z. 23) drückt den Vogelgesang des Frühlings aus und bezeichnet den sich wiederholenden, schmerzlichen Vorgang des Erinnerns („wie meine Wunde / Zu glühen beginnt“, Z. 18 f.), gleichzeitig bange Erwartung, Hoffnung; die Assoziationen sind nicht eindeutig festgelegt;
- rätselhaftes Bild, das die Allgegenwart der abwesenden Person veranschaulicht: „steigst mit jeder Sonne / Mir über den Hügel“ (Z. 7 f.);

– subjektiv-persönliche Konnotationen ohne konkrete Ortsangaben: „Noch immer die rote Kastanie“ (Z. 4), „Muschelgeruch der Häfen“ (Z. 21); die Bilder und Eindrücke entstammen vermutlich gemeinsamen Erlebnissen.

Die Haltung des lyrischen Ich: Das lyrische Ich betont die Erinnerung an das Zusammensein mit dem anderen als notwendige Ergänzung einer geglückten Beziehung. Damit wird Liebe von Anfang an als ein ursprünglich umfassendes Ganzes verstanden. Fehlt ein Teil, dann entstehen Sehnsucht, Trauer und Verzweiflung. Die Gedanken der/des Sprechenden richten sich aber nicht auf die Vergangenheit, sondern sind ganz und gar auf das Gegenwärtige bezogen (alle Verben haben die Präsensform) und vergegenwärtigen die abwesende Person. Die Einheit der Liebenden besteht also über die Abwesenheit (wir wissen nicht, ob durch Trennung oder Tod) der geliebten Person hinaus. Die gemeinsamen Erfahrungen und Gefühle werden in geheimnisvollen Naturbildern geschildert.

Fazit: Der Titel des Gedichts betont die Einheit der Liebenden. Der Einzelne ist jeweils unvollständig, erst im Zusammensein gelangen die Liebenden zur Vervollkommnung. Dieser Gedanke zieht sich wie ein roter Faden durch alle sprachlichen Bilder des Gedichts. Selbst der eigene Leib ist vom anderen „bewohnt“ (vgl. Z. 2). Das Bild vom Leib als dem Ort des anderen ist der intensivste Ausdruck für die Einheit.
Die Einheit der Liebenden wird im gesamten Gedicht mit Natur assoziiert. Mit den Augen des lyrischen Ich sieht die geliebte Person den Frühling, versinnbildlicht in der rotblühenden Kastanie (Z. 4). Immer wieder sagt das lyrische Ich, wie sehr die Liebenden zusammengehören. Die tägliche, für Kontinuität sorgende Erinnerung („Auf dem Fluss jedes Tages“ – „mit jeder Sonne“) verbürgt zwar ein Immer-näher-Kommen (vgl. Z. 11), kann jedoch die Distanz nicht ganz aufheben: „Ich fasse dich nicht“ (Z. 12). Diese Aussage verhindert, dass die andere Person durch irgendeine Festlegung zum bloßen Objekt gemacht wird. Die Naturbilder, die den anderen umschreiben, sind deshalb auch von Bewegung und Flüchtigkeit gekennzeichnet: Welle, Muschelgeruch, unsichtbares „Maisingen“ der Vögel. Zur Liebe gehört es, dass sie Freiheit und Spontaneität der Liebenden bewahrt.

Vergleich: In beiden Gedichten steht die Liebe im Mittelpunkt. In beiden Gedichten ist von einer besonderen Beziehung der Liebenden die Rede.
In Goethes „Maifest“ wird dargestellt, wie das unmittelbare Erleben der Natur überwältigend auf den Liebenden wirkt. Von der Natur erhält er die schöpferische Kraft, seine gesamte Umgebung im Lichte der Freude und des Glücks zu sehen. Gleichzeitig spiegeln die Naturerscheinungen seine innerseelische Verfassung wider. Diese Haltung hat auch einen Erkenntniswert für das lyrische Ich, denn es erkennt sich selbst im Spiegel des blinkenden Auges der Geliebten.
Das Gedicht von Marie Luise Kaschnitz ist im eher nachdenklichen Ton moderner Literatur geschrieben. Der Leser wird aufgefordert, im Gedicht („hinter meinen Worten“) die Person des anderen wahrzunehmen, in der das lyrische Ich ganz zu sich selbst kommt – ebenso wie die andere Person („die andere Stimme“) die zweite Hälfte des lyrischen Ich ist. Die im Gedicht verwendeten Naturbilder vergegenwärtigen die Suche nach dem anderen.
In beiden Gedichten – im Sturm und Drang wie auch in der Moderne – ist Liebe das Medium der Selbstfindung.

Stichwortverzeichnis

Unsere Titel auf einen Blick:

Alfred Andersch
Sansibar o.d.letzte Grund
ISBN 978-3-12-923091-6

Bertolt Brecht
Der gute Mensch von Sezuan
ISBN 978-3-12-923081-7
Leben des Galilei
ISBN 978-3-12-923066-4

Georg Büchner
Dantons Tod
ISBN 978-3-12-923073-2
Lenz
ISBN 978-3-12-923089-3
Woyzeck
ISBN 978-3-12-923005-3

Droste-Hülshoff
Die Judenbuche
ISBN 978-3-12-923098-5

Friedrich Dürrenmatt
Die Physiker
ISBN 978-3-12-923079-4
Der Besuch der alten Dame
ISBN 978-3-12-923054-1
Der Richter und sein Henker
ISBN 978-3-12-923093-0

Theodor Fontane
Effi Briest
ISBN 978-3-12-923029-9

Max Frisch
Andorra
ISBN 978-3-12-923075-6
Biedermann und die Brandstifter
ISBN 978-3-12-923094-7
Homo faber
ISBN 978-3-12-923061-9

Johann Wolfgang von Goethe
Faust – Erster Teil
ISBN 978-3-12-923063-3
Iphigenie auf Tauris
ISBN 978-3-12-923062-6
Die Leiden des jungen Werther
ISBN 978-3-12-923006-0

Gerhart Hauptmann
Die Ratten
ISBN 978-3-12-923049-7

Wolfgang Herrndorf
Tschick
ISBN 978-3-12-923102-9

Hermann Hesse
Unterm Rad
ISBN 978-3-12-923092-3

E.T.A. Hoffmann
Der Sandmann
ISBN 978-3-12-923071-8
Das Fräulein von Scuderi
ISBN 978-3-12-923104-3

Franz Kafka
Der Proceß
ISBN 978-3-12-923086-2
Die Verwandlung
ISBN 978-3-12-923077-0

Heinrich von Kleist
Marquise von O./ Erdbeben in Chili
ISBN 978-3-12-923055-8
Michael Kohlhaas
ISBN 978-3-12-923024-4
Prinz Friedrich von Homburg
ISBN 978-3-12-923056-5

Wolfgang Koeppen
Tauben im Gras
ISBN 978-3-12-923051-0

J.M.R. Lenz
Der Hofmeister/ Die Soldaten
ISBN 978-3-12-923085-5

Gotthold Ephraim Lessing
Emilia Galotti
ISBN 978-3-12-923074-9
Nathan der Weise
ISBN 978-3-12-923068-8

Liebeslyrik
ISBN 978-3-12-923031-2

Lyrik des Expressionismus
ISBN 978-3-12-923097-8

Lyrik der Nachkriegszeit 1945 – 1960
ISBN 978-3-12-923013-8

Thomas Mann
Buddenbrooks
ISBN 978-3-12-923058-9
Mario und der Zauberer / Tonio Kröger
ISBN 978-3-12-923059-6
Der Tod in Venedig
ISBN 978-3-12-923095-4

Naturlyrik
ISBN 978-3-12-923088-6

Neue Sachlichkeit
ISBN 978-3-12-923052-7

Erich Maria Remarque
Im Westen nichts Neues
ISBN 978-3-12-923087-9

Joseph Roth
Hiob
ISBN 978-3-12-923076-3

Friedrich Schiller
Don Karlos
ISBN 978-3-12-923044-2
Kabale und Liebe
ISBN 978-3-12-923065-7
Maria Stuart
ISBN 978-3-12-923078-7
Die Räuber
ISBN 978-3-12-923026-8

Bernhard Schlink
Der Vorleser
ISBN 978-3-12-923070-1

Peter Stamm
Agnes
ISBN 978-3-12-923072-5

Patrick Süskind
Das Parfum
ISBN 978-3-12-923064-0